As luzes de Santelmo

Romance

Wilson Frungilo Júnior

Capa:

Wilson Frungilo Júnior

1ª edição - 10.000 exemplares – julho/1999

INSTITUTO DE DIFUSÃO ESPÍRITA
Av. Otto Barreto, 1067 - Caixa Postal 110
CEP 13600-970 - Araras - SP
Fone (019) 541-0077 - FAX (019) 541-0966
CGC. (MF) 44.220.101/0001-43 - Insc. Estadual 182.010.405.118
Internet: http://www.ide.org.br - E-mail: info@ide.org.br

FICHA CATALOGRÁFICA

(Preparada na Editora)

Frungilo Júnior, Wilson, 1949-

F963l As luzes de Santelmo / Wilson Frungilo Júnior, Araras, SP, IDE, 1ª edição, 1999.

352 p.

ISBN 85-7341-264-X

1. Romance 2. Espiritismo. I. Título.

CDD-869.935
-133.9

Índices para catálogo sistemático:

1. Romance: Século 20: Literatura brasileira 869.935
2. Espiritismo 133.9

Índice

I

– O que acontece com nosso filho, Almeida? Por que ele é tão diferente do Ivan? Ambos, além de gêmeos, sempre foram educados e criados da mesma maneira. Tudo o que proporcionamos a um, o mesmo oferecemos ao outro. Nenhuma desigualdade. O mesmo amor, a mesma dedicação.

– Só posso entender como uma malformação congênita, Lurdes. Ivan é a bondade, o respeito e a gentileza personificados. Ivo, no entanto, e Deus me perdoe estas minhas palavras, é exatamente o contrário: é a maldade, o desrespeito e um profundo sentimento de revolta contra todos que dele se aproximam. Agora estamos aqui nesta Delegacia de Polícia porque ele foi preso e nem ao menos sabemos o porquê.

– Boa tarde, meu senhor e minha senhora. Sou o Delegado de Polícia. Vocês devem ser os pais de Ivo.

– Sim, doutor delegado. Meu nome é Almeida e esta é Lurdes, minha esposa. Fomos avisados de que nosso filho encontra-se preso aqui e nem sabemos o porquê dessa sua prisão.

– Seu filho matou um homem – informa, gravemente, o delegado.

– Matou?! Não posso crer...mas...o senhor tem certeza?

– Temos todas as provas, inclusive testemunhas. Na verdade, foi preso em flagrante.

– Meu Deus! Mas...por quê?! – pergunta, aflita, a mãe.

– Drogas, minha senhora. Seu filho é um traficante e a vítima lhe estava devendo uma considerável quantia em dinheiro. A ele ou à quadrilha para a qual ele operava. Isso vamos apurar, ainda.

– Mas deve haver um grande engano.

– Sinto muito, senhor Almeida. Sinto muito, mesmo. Um moço cheio de saúde. Creio, até, que nada lhe faltava.

– Nada lhe faltava, doutor. Pode crer.

– É filho único?

– Não. Ivo tem um irmão gêmeo que, inclusive, como estava comentando agora há pouco com minha esposa, é exatamente o contrário dele. Ivan nunca nos deu trabalho. É estudioso, bom filho, trabalhador. Imagine o doutor que desde os dezessete anos trabalha comigo em minha empresa. Hoje estão com vinte e dois anos.

– E Ivo também trabalha com o senhor?

– Não. Na verdade, Ivo nunca interessou-se por

nada que não fosse o seu prazer. Sempre procurou freqüentar festas, praias, passeios, mas nada de estudar e nem de trabalhar. Eu e minha esposa nunca conseguimos entender isso. Demos aos dois igual tratamento, carinho e amor. Como pode haver tamanha diferença entre eles?

– Vocês querem ouvir a única explicação que eu conheço para isso?

– Diga-nos, doutor.

– Apesar de terem sido gerados pela mesma mãe e terem praticamente a mesma fonte de vida material, proveniente da fecundação, são Espíritos de índoles diferentes.

– Espíritos diferentes? Não entendo.

– O senhor é espírita, doutor? – pergunta Lurdes.

– Sou um estudioso da Doutrina de Allan Kardec.

– Mas como o senhor estava dizendo... sinceramente... gostaria muito de entender.

– Todos nós somos Espíritos que reencarnamos por diversas vezes neste planeta para evoluirmos, juntos a outros com os quais detemos débitos do passado, para que possamos aprender a amar e perdoar a quem outrora odiamos ou causamos algum mal. Muitas vezes, Espíritos já um tanto evoluídos também reencarnam junto a nós para nos ensinar com o seu exemplo edificante, como deve ser o caso de seu outro filho, o Ivan. Essa é a razão das diferenças, principalmente no caso de vocês que acolheram dois Espíritos de uma só vez, porém com graus evolutivos diversos. Felizmente, Deus nos concede a bênção do esquecimento para que possamos conviver uns com os outros sem nos odiarmos e para que, aprendendo a amarmo-nos uns aos outros, no futuro, esse amor venha a substituir os mais baixos sentimentos de ódio e de vingança. Aliás, não fosse dessa forma, Deus seria muito injusto, o que não podemos crer. Prestem atenção e verão que até mesmo nos ambientes mais difíceis e de muito sofrimento, poderemos encontrar Espíritos bons e com altos sentimentos de amor e humanidade.

– Começo a entender. Realmente, não vejo maneira mais lógica de se explicar as diferenças entre as pessoas, mesmo porque, não fosse assim, só poderíamos imputar a Deus todas as diferenças sociais, de saúde e de amor que existem por toda a parte. E isso seria o mesmo que admitir que Deus é injusto e parcial.

– Além do que, desde a nossa criação, Deus concedeu-nos o livre-arbítrio para que escolhêssemos os nossos próprios caminhos. Mas podem ter a absoluta certeza de Ele também sempre nos oferece muitas oportunidades de modificarmo-nos.

– Não consigo acreditar nisso, apesar de toda essa lógica – diz Lurdes - Sempre aprendi que existe um Céu para os bons e um inferno eterno para os maus e...

Nesse momento, entra um policial que cochicha algo no ouvido do delegado.

– Mas não é possível! Vocês não o colocaram numa cela particular, até que tudo fosse apurado?

– Houve um engano, doutor – desculpa-se o policial.

– O que aconteceu?! – pergunta Almeida, aflito – Houve alguma coisa com Ivo?!

– Aconteceu, seu Almeida. Infelizmente, Ivo foi colocado numa cela comum e os presos o confundiram com um outro criminoso.

– Confundiram?! E o que aconteceu?

– Ele foi morto... – informa o policial, visivelmente transtornado com o acontecido.

– Meu Deus! Meu filho! – grita Lurdes, levantando-se da cadeira. No mesmo instante, lança um grito de dor e tomba, inerte, ao solo.

– Lurdes! – grita Almeida – Lurdes, fale comigo! Chame um médico, doutor.

O delegado, então, toma o pulso da mulher e, auscultando o seu coração, informa:

– Está morta.

Nesse momento, a cortina do palco é fechada e o público aplaude o antepenúltimo ato da comovente peça teatral encenada em um bem montado circo numa cidade de médio porte. Após exatamente quatro minutos, tempo suficiente para se trocar o cenário, o pano novamente se abre. Desta feita, o palco encontra-se dividido em dois níveis: o do seu piso normal e um outro, da metade para trás, elevado cerca de dois metros. O inferior encontra-se às escuras e, o de cima, bastante iluminado, onde diversos tecidos muito finos e efeitos de gelo seco formando nuvens brancas, a trinta centímetros do chão, dão-lhe um toque de grande leveza, a representar a ante-sala do Céu, assim identificado já que, ao fundo, estreita porta artisticamente trabalhada em tons dourados encontra-se aberta, dando passagem à intensa luz com tons azulados e, por sobre a qual encontra-se uma placa dourada com a palavra "Céu". Do lado esquerdo encontra-se um ancião de longas barbas, trajando alvíssima túnica e cujo semblante denota intensa calma. De repente, ao som de comovente música, Lurdes surge do lado direito, caminha em direção ao velho e, parando a poucos metros dele, ajoelha-se em posição de humildade, mãos postas.

– Levante-se, minha filha – pede o ancião.

Lurdes obedece ao pedido e pergunta-lhe:

– Meu bom homem, por acaso esta é a porta do Céu?

– Sim, Lurdes. Este é o Céu a que você faz jus, por ter tido uma vida plena de realizações em favor do Bem.

– Quer dizer que, realmente, eu morri?

– Como pode ver, criatura, a morte não existe, pois está aqui, cheia de vida. O que ocorreu com você foi apenas uma passagem do denso plano material para o verdadeiro plano da vida que é o espiritual.

– E meu filho Ivo?

– Esqueça o seu filho e atravesse essa porta que lhe trará muita felicidade e ventura.

Lurdes olha para o portal que o ancião aponta e volta novamente o olhar para ele, tornando a perguntar:

– Mas, meu bondoso senhor, e meu filho Ivo?

– Como você sabe e crê, seu filho teve um comportamento muito indigno aos olhos de Deus e foi condenado a viver eternamente no inferno. Veja.

Nesse momento, fachos de luz vermelha, também acentuadas por fumaças de gelo seco, dando a impressão de labaredas, brotam do chão da parte inferior do palco, aparecendo várias pessoas seminuas a contorcer-se pelo solo. Dentre elas, encontra-se Ivo, filho de Lurdes que, ao vê-lo, dá um grito, entregando-se às lágrimas:

– Ivo, meu filho! Meu filho!

– Ele não pode ouvi-la, Lurdes e, doravante, você não mais verá essa triste cena.

Dizendo isso, as luzes avermelhadas apagam-se, escurecendo a parte inferior do cenário.

– Atravesse o portal do Céu, minha filha, e seja feliz.

E Lurdes, com os olhos banhados em lágrimas, lança um desesperado grito:

– Não posso! Não posso!

– Mas por que, minha filha? Você tem que ser feliz. Afinal de contas ganhou o Céu.

– E como poderei ser feliz nesse Céu, se meu amado filho arde em sofrimento eterno nas chamas do inferno?

– Mas não é nisso que você acredita, minha filha?

– Não posso mais acreditar que seja assim. Deus é bondade e não pode condenar alguém dessa maneira. Se eu que sou infinitamente inferior a Ele, perdôo meu filho e ainda encontro-me em condições de fazer qualquer sacrifício por ele, por que Deus, infinitamente superior a mim, não consegue perdoá-lo e dar-lhe uma nova chance?

– Agora você chegou no âmago da questão, Lurdes, e tudo isto que você está vendo não passa de uma encenação provocada por Espíritos Superiores para que venha a entender o verdadeiro significado da vida. Realmente, você não conseguiria ser feliz em lugar algum, tendo alguém a quem muito ama a sofrer indefinidamente, sendo que Deus, nosso Pai e criador, muito ama a todos os seus filhos e não os desampara, ensejando a todos novas oportunidades de refazimento de suas vidas em direção à verdadeira felicidade.

Nesse momento, as luzes que atravessam a porta se apagam, ficando o palco totalmente às escuras, com exceção de Lurdes e do ancião, iluminados, agora individualmente, por canhões de luz.

– Por isso, minha filha, você agora freqüentará uma escola onde poderá muito aprender para que depois possa fazer parte de uma equipe de socorro a jovens desencarnados tão necessitados quanto seu filho e, quando conseguir acumular os merecimentos necessários, também poderá ajudá-lo pois que, neste momento, Ivo, desencarnado, continua a perambular pelo orbe terrestre à procura de vingança contra aqueles que o assassinaram, sem saber que nada ocorre por acaso neste Universo de Deus. Ainda não percebeu que já desencarnou e vive como que num estado sonambúlico, onde o único pensamento que o acompanha é um forte sentimento de revolta e ódio.

– Que Deus o abençoe por tão edificantes ensinamentos e pela oportunidade de trabalhar e auxiliar aquele a quem muito amo.

As cortinas novamente se fecham debaixo de caloroso aplauso, abrindo-se depois de alguns minutos, quando, então, a voz de um narrador anuncia:

– Um ano e meio se passa.

O cenário, agora, representa um Centro Espírita, onde uma grande mesa retangular, coberta com uma toalha branca e dez cadeiras ao seu redor são as únicas peças do ambiente, enquanto suave música faz fundo à cena. Mesmo número de pessoas encontram-se sentadas nas cadeiras ao redor da mesa. Em seguida, com a feição adequadamente maquiada, aparentando face sombria e contorcida, entra Ivo, amparado por Lurdes e outras entidades espirituais, todas vestidas de branco, a denotarem tranqüilidade e amor em seus semblantes, que o guiam e o aproximam de um senhor. Este encurva-se ante a aproximação, como se estivesse percebendo a presença do Espírito. Um outro homem, sentado ao centro da mesa, fala com ele.

– Seja bem-vindo, meu irmão. Aproxime-se mais do médium para que possa conversar conosco.

É, então, que o ator que faz o papel de Ivo mexe os lábios, porém quem fala é o médium, numa perfeita sincronização, a representar a comunicação entre os dois planos, através da mediunidade.

– O que estou fazendo neste lugar?! Eu não quero ficar aqui! – esbraveja Ivo.

– Tenha calma. Você está aqui para ser auxiliado.

– Eu quero vingança!

– Você não se sente cansado desse seu propósito?

– Não! Preciso vingar-me!

– Não se sente cansado de ter que alimentar esse

sentimento de ódio que traz em seu coração? Quanto tempo faz que você não tem um só segundo de paz, meu irmão? Quanto tempo faz que não descansa? Sabemos que está sendo muito difícil para você continuar mantendo esse ódio, pois a chama de amor que Deus, nosso criador, plantou em seu coração, insiste em crescer e afogar esse sentimento.

– Não é verdade e não acredito em Deus!

– Como pode não acreditar em Deus? Seria o mesmo que negar a sua própria existência e você existe e está aqui conosco.

– Deus foi muito cruel comigo!

– Como Deus foi cruel, se permitiu que reencarnasse no seio de uma família que sempre foi só amor e dedicação a você? Lembra-se de sua mãe?

– Não toque no nome de minha mãe.

– Por quê? Isso o faz lembrar-se do quanto fez sofrer aquela que lhe deu à luz, que o acariciou em seus braços e que não poupou sacrifícios para que fosse feliz?

– Pare com isso!

– A culpa de sua infelicidade é sua, mesmo, meu irmão, e não de Deus e nem de ninguém. Você cavou o seu próprio abismo.

– Não quero ouvir mais nada.

– Por que não quer ser feliz?

– E como ser feliz se o ódio mora em meu peito?!

– Esqueça esse ódio, meu amigo. Esses infelizes

que o feriram também são sofredores que um dia tomarão ciência de que Deus somente deseja a felicidade para seus filhos.

– E Deus fará justiça? Castigará meus assassinos?

– Deus, nosso Pai, é justo e bom e não se deve confundir justiça com castigo, pois nosso criador não castiga a nenhum de seus filhos. Apenas concede oportunidades para modificarmos o nosso íntimo e o sofrimento que nós mesmos plantamos para nós próprios é apenas fruto de nossas imperfeições e o aprendizado nunca será tão pesado que não possamos suportar. Por isso, deixe por conta de Deus o futuro daqueles que lhe causaram mal, assim como muitos o fizeram com relação a você.

– E o que devo fazer? – pergunta Ivo, agora, mais calmo e a chorar.

– Os amigos espirituais irão auxiliá-lo. Peça ajuda a Deus e abra bem os seus olhos. Procure visualizar aquela que o trouxe até aqui e que há muito tempo caminha ao seu lado, na tentativa de modificá-lo.

– Minha mãe? – pergunta Ivo, mansamente.

– Sim, sua mãe. Vamos. Peça ajuda a Deus e abra os olhos de seu coração.

– Meu Deus, eu lhe imploro...

Nesse momento as luzes se apagam e dois focos concentrados de luz iluminam apenas Ivo e Lurdes.

– Minha mãe! Minha mãe querida! Perdoe-me por todo o sofrimento que lhe causei.

– Venha, meu filho, aninhe-se em meus braços para

que eu possa enxugar as suas lágrimas e levá-lo comigo para um novo caminho de paz e renovação.

Ivo, então, abraça-se à mãe e, lentamente, começam a deixar a cena, enquanto as luzes vão diminuindo até apagar-se. Vibrante e emocionante música encerra, então, o espetáculo, debaixo de muitos aplausos e ovação por parte da platéia que, após novos aplausos aos atores que reaparecem em cena, deixa o circo, bastante emocionada e em silêncio. Na saída do circo, as obras básicas de Allan Kardec encontram-se à disposição de quem as queira adquiri-las e grande quantidade de livros é vendida, haja vista o interesse que a peça teatral despertou nas pessoas que a assistiram.

Nesse momento, o médium vidente Torres, que é quem dirige os artistas, passa a descrever para eles a visão que está tendo.

– É por demais emocionante, meus irmãos. Potente facho de luz desce dos céus por sobre este nosso circo e grande quantidade de Espíritos de Luz nos abraçam, como que agradecendo-nos pelo nosso edificante trabalho, enquanto que outra equipe promove, na saída, vibrante passe coletivo a todos os espectadores que aqui estiveram nos assistindo. É uma verdadeira festa de luzes e bênçãos e agradeço a Jesus por tão grande dádiva que estamos tendo neste momento e rogo a Deus que nos ilumine para que possamos ser cada vez mais merecedores de toda essa graça. Vamos fazer uma prece de agradecimento.

Dizendo isso, Torres pede para um dos atores que profira uma oração, a qual é acompanhada mentalmente por todos.

II

– Encontra-se aberta a assembléia! Silêncio! – brada Ramires, Espírito ainda bastante inferior nos sentimentos, chefe de uma legião de Espíritos também inferiores que, ao desencarnarem tornaram-se revoltosos inimigos de Deus e que tudo fazem para impedir que movimentos voltados para o Bem, tenham sucesso, principalmente, os de cunho espírita. Esses Espíritos rebeldes, quando encarnados, eram, em sua maioria, religiosos que, detendo a confiança dos seguidores e adeptos de suas igrejas e pensamentos, não colocaram em prática os ensinamentos de Jesus sendo que, muito pelo contrário, utilizaram-se de suas posições para explorar a ingênua fé e confiança dos simples e humildes devotos, atendendo aos próprios anseios de poder e luxúria. Mesmo assim, acreditavam que, pelo fato de terem sido eleitos representantes de Deus, pelas convenções dos homens, encontrariam, após a morte do corpo físico, uma recepção à altura de suas vaidades e que no paraíso por eles imaginados, viveriam por toda a eternidade. E qual não foi a surpresa que tiveram quando, ao deixar o plano material, nenhuma figura angelical os

aguardava, sendo que apenas a escuridão das zonas trevosas os acolheu. Revoltaram-se, então, contra Deus, unindo-se uns aos outros e, a exemplo de milhares de associações desse tipo, fundaram uma legião sob o comando de Ramires, prestando-se todos à missão de desacreditar muitos Espíritos encarnados a respeito dos ensinamentos de Jesus, incitando-os ao mal, Espíritos esses que, quando para o plano da verdadeira vida retornavam sem a vestimenta física, eram por eles julgados, supliciados e transformados em escravos a serviço do mal. Atualmente, como é comum ocorrer, essa legião, a exemplo de muitas outras, encontra-se vinculada a um alto comando das trevas.

Ramires não havia sido nenhum religioso, quando encarnado, mas havia tido a promessa de que, pelo poder que detinha, seria recebido com muitas glórias no Reino dos Céus. E hoje, líder desse grupo, inicia seu discurso cheio de ódio e revolta:

– Que o inferno engula as suas cabeças! – berra a todo pulmão o que faz estremecer a horripilante platéia, arrancando guturais sons de seus ouvintes e temerosos esgares de seus semblantes. Ramires encontra-se sentado ao centro de negra mesa, tendo ao seu lado, direito e esquerdo, seus subordinados imediatos. – Estamos perdendo terreno para essa maldita religião. O Espiritismo caminha a passos largos. Seus adeptos cada vez mais tornam-se refratários às nossas presenças e aos pensamentos que tentamos lhes impingir. Não demorará muito e estaremos à mercê de seus trabalhadores deste plano e seremos todos novamente enviados à crosta

terrestre em nauseante programa de readaptação às suas dóceis e enganadoras idéias de um Deus que nos traiu e nos abandonou.

– Isso não! – balbuciam muitos dos presentes.

– Voltar à carne?! Nunca! – berra um deles.

– Cale-se! – grita Ramires. – Não lhe dei a palavra!

– E o que podemos fazer?

– Já lhe disse para calar-se! Por ora, somente eu detenho a palavra! Mas vou lhe responder a pergunta. Sabem o que temos que fazer? Alimentar mais ódio no coração. É isso o que está faltando. Ódio!!! Ódio!!! Vocês todos estão fraquejando! O que está acontecendo?! Vocês viram esta noite as vibrações que nos expulsaram do circo!

– Estamos no caminho errado – diz um dos ocupantes da mesa, interrompendo as palavras de Ramires.

– O quê?! Como ousa interromper-me?! De que direito se acha investido?!

– Releve a minha intromissão, grande Ramires, mas conheço um método mais infalível do que o que estamos utilizando.

– Explique-se melhor – pede o líder. – Também sei ouvir e dar crédito às opiniões de meus seguidores.

– O problema é que estamos tentando atingir o todo quando deveríamos atingir as partes, agindo por segmentos.

– Não estou entendendo.

– É muito simples. O grupo que estamos tentando destruir é muito heterogêneo e estamos emitindo vibrações homogêneas no intuito de atingi-los, quando deveríamos dividir-nos em grupos e atacarmos a cada um dos seus elementos, aproveitando-nos das suas fraquezas, e de seus pontos frágeis e críticos.

– Entendi e estou gostando da idéia.

– Quando não podemos com o inimigo como um todo, devemos minar as suas partes. Se numa guerra não conseguimos derrotar todo um exército, por que não atacar as suas provisões e destruí-lo através da fome de cada um de seus soldados?

– Bem pensado, Núbio. Bem pensado. Gostei da idéia e é dessa maneira que iremos combater a partir de agora. Vocês todos ouviram o que Núbio disse. Dessa forma, quero que se dividam em grupos, cada qual com seu líder e procurem sondar o íntimo de cada integrante daquele maldito circo. A partir daí, procurem influenciá-los em seus pontos fracos. Vocês têm duas semanas para cumprir essa missão, ao fim das quais nos reuniremos novamente. Quero relatórios detalhados, ou melhor, irei pessoalmente até lá para ver o resultado. E não falhem, pois já estou em falta com a grande direção. Está dissolvida a assembléia.

⁂ ⁂ ⁂

E no circo...

– Graças a Deus, tudo está sob controle, Bráulio – informa o Espírito Clécio ao líder do grupo espiritual

encarregado das boas vibrações e da proteção ao circo. – Todo o pessoal já se recolheu, com exceção de Paulo, que foi até o centro da cidade, juntamente com mais dois rapazes.

– Sabe se entraram em algum bar?

– Entraram, mas coloquei dois de nossos cooperadores de prontidão do lado de fora. Assim que de lá saírem, imediatamente entrarão em ação. Infelizmente não foi possível demovê-los da idéia da bebida, porque facilmente dois irmãos menos felizes conseguiram levá-los de nós.

– Eram Espíritos viciados ou eram daqueles que fazem parte da legião de Ramires?

– Infelizmente, irmão Bráulio, eram do grupo de Ramires.

– Isso me preocupa, mas vamos aguardá-los.

Passam, então, Bráulio, Clécio e Otávio, que acabara de chegar, a entrar em sintonia com o Alto através da oração sincera e agradecida. Algumas horas se passam e já é madrugada quando Paulo e os outros dois rapazes chegam bastante alegres e embriagados. Junto deles, quatro Espíritos de ordem inferior, com vestes negras, porém lúcidos e bastante imantados mentalmente, estão a lhes proporcionar idéias e conseqüente conversação de baixo nível vibratório. Clécio e Otávio, sem se fazerem notar, tentam afastá-los dos rapazes, mas sem nenhum sucesso, já que os moços os prendem junto a si, através de suas vibrações negativas.

– Sinto a presença de intrusos – comenta uma das entidades de negro.

– Nada conseguirão – comenta um outro – pois estamos bastante ligados.

– Podem cair fora! – grita um dos infelizes Espíritos, girando-se sobre si mesmo, como que num gesto de defesa, sem conseguir visualizá-los.

– Fora! – grita um outro. – Eles são nossos!

– Não adianta. Os rapazes os prendem junto a si.

– Mas vão entrar no circo.

– Nada podemos fazer, por enquanto. A vibração mental dos três entrou em sintonia com os obsessores. Isso acontece a todo o instante no orbe terrestre. Muitas pessoas ligam-se a Espíritos obsessores por uma deliberação inconsciente, onde em muitos casos poderíamos dizer que são os próprios Espíritos encarnados os obsessores dos desencarnados porque os atraem com suas idéias e pensamentos, fazendo com que estes se liguem compulsoriamente a elas pelos seus impulsos viciosos e daninhos. Quantos e quantos Espíritos encarnados procuram casas espíritas rogando auxílio, sem nenhuma condição de serem ajudados pois que, na verdade, em nada colaboram. Em mal se comparando, seria o mesmo que você rogar para que a água pare de jorrar por uma torneira se você não tomar a iniciativa de a fechar. "Ajuda-te e o Céu te ajudará."

Nesse momento, diversos integrantes do circo surgem a partir de suas barracas, caminhando em direção a Bráulio, Clécio, Otávio e outros que ali se encontram. De suas frontes saem cordões de luz que os ligam aos seus corpos materiais adormecidos em seus leitos, pois que encontram-se emancipados, ou seja, durante o sono, Espíritos que são, a deterem corpos físicos, deles se libertam, a fim de relacionarem-se com o plano espiritual. Já percorreram metade do caminho que os separa dos Espíritos de Luz, quando entidades inferiores correm em direção a eles, iniciando as mais variadas conversações. Alguns parecem não lhes dar ouvidos e continuam a caminhar, enquanto outros estacam e ficam a ouvir as insinuações desses infelizes irmãos.

– Sejam bem-vindos, meus irmãos. Acomodem-se que logo iniciaremos a prece desta noite. Venham, Clécio e Otávio – pede Bráulio. – Vamos ouvir o que dizem os outros.

– Você não pode ser tão tola assim – está dizendo um dos Espíritos inferiores a uma mulher. – Não percebe que seu marido já não lhe está dando a devida atenção? Pergunte a ele a que horas chegou e com quem estava, juntamente com outros rapazes. Cuidado, minha querida...muito cuidado. Preste bastante atenção nele e poderá verificar que tenho razão.

– Será? – pergunta o Espírito feminino, franzindo o senho. – Sabe que acho que tem razão? Na verdade, ultimamente...

– Não lhe disse? Volte, agora, para o seu quarto e amanhã conversaremos novamente e, se quiser, poderei ajudá-la.

– Eu lhe agradeço muito pelo aviso e se puder me ajudar...

– Mas é claro que eu a auxiliarei – promete, com um sorriso de satisfação nos lábios, enquanto a mulher retorna em direção à sua barraca.

– Não podemos fazer nada, irmão Bráulio?

– Com ela, não, mas poderemos influenciar Paulo a fim de que dê um pouco mais de atenção à sua esposa. Mas vamos ver este outro caso – diz o Espírito apontando para um outro, também vítima dos obsessores.

– Mas não é verdade? – insiste a perversa entidade. – Você é muito mais talentoso que qualquer outro ator. Não permita que o passem para trás. Você merece o papel principal, meu jovem, e não há nada de mais que você reivindique isso. Afinal de contas, será melhor para o teatro. Vamos, lute pelo que lhe pertence.

– Você tem toda a razão. Sou, mesmo, o melhor e não é justo que eu fique com papéis secundários.

– Mas é claro! Você tem tudo para ser um ator famoso, mas se continuar fazendo esses papeizinhos, como poderá ser um dia notado por um caçador de talentos?

– Vou lutar pelos meus direitos. Vou lutar pelo que mereço.

– Assim é que se fala, meu amigo! Assim é que se fala!

– Como pode enganá-lo desse jeito e como ele pode acreditar nisso? Sabe que não é o melhor ator do teatro.

– Porque, em seu íntimo, gostaria de ser o melhor. Foi tocado em seu ponto mais fraco.

– Olhe, Bráulio. Marli também está deixando-se envolver por três entidades.

– Vamos nos aproximar.

Marli, atriz que faz o papel de Lurdes na peça, encontra-se estática. Dois Espíritos a abraçam pelos ombros, enquanto um outro fala com ela.

– Você não tem medo de estar aqui? É muito perigoso ficar aqui fora. O mundo está cheio de maldade e tudo pode acontecer de ruim se você não se proteger. Tem que proteger-se de tudo e de todos. Esse seu resfriado, mesmo, cuidado com ele, Marli. Essa sua tosse pode ser prenúncio de uma pneumonia, de uma tuberculose ou, até mesmo, de um câncer nos pulmões. Não percebe como se sente abatida fisicamente? Muito cuidado, meu bem. Procure um médico, mas não vá se fiar numa só consulta. Procure vários médicos e ouça as suas opiniões. Você poderá morrer de uma hora para outra se não se cuidar. Não percebe o desânimo que está sentindo?

A moça faz um sinal afirmativo com a cabeça.

– Pois, então, volte para dentro de sua barraca e procure descansar. Nosso amigo aqui acompanhará você. Nele você pode confiar. Mas não confie em mais ninguém. Todos estão querendo enganá-la, fazendo-a trabalhar nesse seu precário estado de saúde. Vá para o seu leito e deixe-se amparar por este nosso "amiguinho". Ele conhece tudo a respeito de doenças.

Nesse momento, uma entidade bastante debilitada, quase se arrastando para caminhar, aproxima-se de Marli, abraçando-se a ela e guiando-a de volta à sua barraca. O Espírito denota evidente traço de hipnose, agindo como um autômato.

– Precisamos afastar esse infeliz da Marli, Bráulio – comenta Clécio.

– Sim, mas vai ser um trabalho bastante difícil, pois ela já traz consigo, em seu íntimo, um pavor muito grande de adoecer, fruto de anterior encarnação doentia. Desde que abraçou a Doutrina Espírita e conseqüente entendimento da vida, conseguiu dominar esse temor, porém, neste momento, atacaram essa sua deficiência íntima, colocando-a, novamente, à superfície de seus pensamentos. Ela terá que readquirir a confiança nos desígnios de Deus para poder livrar-se desse seu obsessor. Você verá que amanhã, pela manhã, ela despertará num lamentável estado depressivo, com muito medo e a primeira idéia que terá será a de procurar um médico. Mas nós iremos ajudá-la, assim como aos outros. Teremos dura batalha pela frente, Clécio. Muito trabalho para tentar equilibrar esses nossos irmãos encarnados em seus pontos fracos. E tenha a certeza de que novos ataques virão. Os inimigos da Doutrina e de Jesus descobriram o mais eficaz meio de influenciar os nossos amigos: através de suas fraquezas mais íntimas. E as piores delas, irmão Clécio, sem dúvida alguma, são as da vaidade, do orgulho e do egoísmo.

III

Na tarde do dia seguinte, em outra cidade...

– Boa tarde, meu senhor. Poderia informar-me onde fica o hotel?

O frentista e proprietário do único posto de gasolina daquela localidade coça a nuca, como que procurando se localizar na pergunta daquele estranho que, bem ali à sua frente, estacionara seu empoeirado automóvel e, fazendo pequeno e negativo meneio com a cabeça, parecendo desculpar-se, responde-lhe:

– Aqui não temos hotel, não, moço.

– Mas não há nenhum lugar onde eu possa banhar-me, comer alguma coisa e hospedar-me, pelo menos, por esta noite?

– Não sei...Penso que não.

– Não entendo. Ninguém nunca hospedou-se nesta cidade?

– Bem, para dizer a verdade, não me lembro de

ninguém, a não ser a professora que mora na casa de dona Aurora, dona do armazém, mas aí é diferente.

– Diferente?

– Sim. A professora mudou-se para cá e, como ela é solteira, dona Aurora convidou-a a morar com ela. Afinal de contas, ela dá aulas aos nossos filhos.

– Entendo...mas será que essa dona Aurora não poderia acolher-me por esta noite somente? Amanhã verei o que fazer.

O homem fica a pensar.

– E então?

– Então...?

– Será que dona Aurora não poderia hospedar-me?

– Bem, isso eu não sei. Talvez o senhor deva perguntar a ela, apesar de que...o senhor sabe...ela é viúva e dona Berenice é solteira...moram só as duas.

– Berenice?

– A professora.

– Ah, sim. A professora.

– Não ficaria bem o senhor hospedar-se lá. Particularmente, não tenho nada contra isso, mas o povo...o senhor sabe como é o povo de uma cidade pequena como esta...

– Entendo, mas o que o senhor me sugere?

O homem coça novamente a cabeça, contrariado por

aquele estranho estar ali naquele momento, passando-lhe um problema tão difícil de resolver. E se havia uma coisa de que ele não gostava era a de ter problemas para resolver. Já bastavam os que tinha em casa com a esposa e também os com o posto de gasolina que pouco lhe rendia, pois aquela cidade possuía poucos automóveis e não fosse pelo doutor Monteiro, como era conhecido na cidade o fazendeiro mais rico da região e que com ele abastecia todas as suas conduções, estaria morto de fome naquele momento.

– Olhe, moço, eu não sei o que lhe dizer, não, e...

Nesse momento, uma camioneta estaciona numa das bombas de óleo, o que vem trazer algum alívio para o dono do posto que, afastando-se para atender ao freguês, procura terminar a conversa, dizendo:

– Por que não procura dona Aurora? Fale com ela. Quem sabe?

– E sabe me dizer onde posso encontrá-la?

– No final da próxima rua, à esquerda. É uma casa vizinha do armazém.

– Vizinha do armazém...

– O senhor não irá encontrá-la agora - interrompe o motorista da camioneta, já fora do veículo, um homem gordo e saudável, aparentando possuir uns sessenta anos de idade, grisalho, bem vestido com camisa e calças bege, botas de cano longo e vistoso chapéu de couro, à maneira de fazendeiro bem sucedido. Aproxima-se e cumprimenta o outro, num vigoroso aperto de mão.

– Meu nome é Monteiro e possuo algumas terras por aqui. Sou criador de gado. E o senhor? Posso ajudá-lo em alguma coisa?

– Muito prazer, senhor Monteiro. Meu nome é Enzo e encontro-me apenas de passagem, pelo menos, por enquanto. Acontece que estou muito cansado, logo irá escurecer e gostaria de pernoitar aqui nesta cidade por poucos dias, antes de prosseguir viagem, porém esse senhor informou-me que aqui não há nenhum hotel e que, talvez, dona Aurora pudesse hospedar-me.

– Oh, sim, acredito que ela poderá auxiliá-lo, mas, infelizmente, ela não se encontra na cidade neste momento. Acabei de passar em seu armazém e informaram-me que está viajando.

– Gostaria, também, se possível, de conhecer dona Berenice. Este senhor disse-me que ela é a professora desta cidade e como estou para escolher uma cadeira numa escola pública...

– O senhor é professor?

– Sim. Leciono Física e Química e ficando sabendo que a escola pública daqui está com vaga na matéria de Ciências no curso ginasial, interessei-me em conhecê-la e a esta cidade.

– Devem ser poucas as aulas e não deverá ganhar muito com elas, meu amigo, apesar de que, realmente, a escola está necessitando, com urgência, de um professor e como já lhe disse e já deve ter percebido, Santelmo é uma cidade muito pequena e poucos são os alunos, preenchendo apenas quatro salas de aula no curso ginasial. Realmente, terá poucas aulas a ministrar e pouco rendimento advirá disso, aliás, esta é uma das causas de estarmos sempre necessitando de professores. Já consegui resolver parte desse problema, há algum tempo, empregando os poucos professores em serviços burocráticos em minha fazenda, porém, o último professor de Ciências que aqui esteve, assim que terminou o ano, desistiu e foi-se embora. Na verdade, não conseguiu adaptar-se à monotonia da cidade. Cheguei até a oferecer-lhe uma pequena casa para morar, pois morava em Monte Acima, a cidade vizinha mais próxima, que é um pouco maior, mas de nada adiantou. Era solteiro e não gostaria de enterrar-se aqui nestas paragens para sempre. Os outros agora estão bem adaptados, já constituíram família e possuem suas próprias casas.

– Já estava imaginando isso quando vim para cá, porém, na verdade, o que estou procurando, mesmo, é um lugar bem tranqüilo para morar.

– Pois se existe um lugar tranqüilo neste mundo de Deus, este lugar é Santelmo. Mas, parece-me muito jovem ainda para estar à procura de um lugar tão pacato como esta cidade.

– Nem tanto, seu Monteiro. Já conto com trinta e oito anos de idade.

– Pois não parece, seu Enzo. Parece-me muito mais jovem. Agora, repetindo o que já disse, não deverá ganhar muito como professor de Ciências, apesar de que nesta cidade, pouco se tem com que gastar. Em todo o caso, transfiro para o senhor esta proposta de uma pequena casa para morar, sem quaisquer ônus. Apenas deve aguardar que eu mande alguém fazer alguns reparos e uma nova pintura, pois encontra-se abandonada há algum tempo. Deverei mobiliá-la, também.

– Fico-lhe muito agradecido e se, porventura, der certo de eu vir a lecionar nesta cidade, aceitarei de bom grado essa sua proposta, mas devo informá-lo de que o dinheiro não me preocupa no momento, seu Monteiro. Na verdade, possuo outros rendimentos.

– O senhor é casado?

– Sou solteiro e atualmente moro sozinho na capital onde, juntamente com meu cunhado, casado com minha irmã, mantemos alguns negócios no ramo de calçados e bolsas. Acontece que cansei-me dessa atividade e resolvi parar de trabalhar na empresa, contentando-me apenas com uma retirada mensal apesar de participar com cinqüenta por cento na sociedade. Além do mais, sempre tive muita vontade de lecionar. Meus pais ainda são vivos, mas moram em outro Estado. Já estão aposentados.

– Bem, seu Enzo, se o senhor sente vontade de lecionar e quer viver num local bem tranqüilo, aportou na cidade certa. Berenice gosta muito daqui, apesar de ser moça ainda. Ela é professora no curso primário.

– Quantos anos ela tem, seu Monteiro?

– Imagino pouco mais de trinta anos.

– Estou pensando em procurá-la, ainda hoje. Talvez possa ajudar-me.

– Sinto muito, seu Enzo, mas Berenice viajou junto com dona Aurora.

– E elas voltam hoje?

– Creio que não. Estas estradas são muito desertas e muitos quilômetros nos separam da cidade para onde foram. Por esse motivo, elas passarão a noite lá, mas deverão retornar amanhã, bem à tardezinha.

– Bem...só me resta, então, dormir em meu carro. Quando dona Aurora voltar, talvez arrume alguma acomodação para mim. Vou pedir para o dono do posto que permita que eu o estacione ali naquela garagem.

– De maneira alguma, senhor Enzo. De maneira alguma. O senhor passará a noite em minha casa, lá na fazenda.

– Agradeço muito, senhor Monteiro, mas não quero incomodá-lo. Posso muito bem dormir em meu carro, apenas por uma noite, até o retorno de dona Aurora.

– Pois eu insisto. Guarde seu carro na garagem do posto e venha comigo em minha camioneta. Eu e minha filha teremos imenso prazer em acolhê-lo. Amanhã, de manhã, eu o trarei de volta até a cidade.

– Bem, acho que não posso recusar seu convite, quer dizer, se o dono do posto concordar em que eu guarde o meu carro aqui.

– É lógico que ele vai permitir. João! Chegue até aqui.

– Pois não, doutor.

– Quero que guarde o carro deste nosso amigo até amanhã de manhã ou por quantos dias for necessário. Ele passará esta noite em minha casa, na fazenda.

– Pode ficar tranqüilo, doutor Monteiro. O carro ficará bem guardado.

– Vamos, então, senhor Enzo?

– Vamos, sim. Deixe-me apanhar minha maleta.

Dizendo isso, Enzo dirige-se ao carro, apanha a sua pequena mala, seu paletó e acomoda-se ao lado do doutor Monteiro na camioneta. O homem dá a partida no motor do veículo e partem em direção à fazenda.

– Pode crer que me sinto muito contente com a sua presença, senhor Enzo.

– Por favor, – interrompe – pode chamar-me apenas de Enzo.

– Pois, então, Enzo, como estava dizendo, sinto-me contente com a sua presença. Vivo muito sozinho em minha fazenda e hoje terei a oportunidade de conversar um pouco com alguém diferente.

– Disse-me que sua filha mora com o senhor.

– Oh, sim, minha querida Nícea. Temos conversado muito, eu e ela, desde que para cá mudou-se há cerca de oito meses.

– Ela não morava com o senhor?

– Ela morava na capital com sua mãe onde cursou uma Universidade.

– Sua esposa não mora aqui?

– Não. Há quinze anos Cláudia abandonou-me, alegando não agüentar mais esta vida do campo e para lá transferiu-se. Queria viver num local mais civilizado.

– E sua filha foi com ela?

– Sim. Nícea já havia terminado o período escolar de primeiro grau e minha esposa a levou para que pudesse continuar os seus estudos. O único consolo que eu tinha era o de que todos os anos minha filha passava as férias aqui na fazenda.

– E agora ela resolveu mudar-se para cá?

– Sim, depois do falecimento de minha esposa.

– Sinto muito pelo senhor e por sua filha.

– Nícea já está mais conformada agora, mas foi muito difícil no começo, pois sentia muito a falta da mãe. Eram muito unidas.

– Entendo. E quantos anos ela tem hoje?

– Vinte e seis.

– E ela pretende continuar morando com o senhor? Oh, desculpe-me, penso já estar tornando-me um tanto inconveniente, fazendo tantas perguntas.

– Não se preocupe, gosto de falar a respeito. Nícea cursou Psicologia,pois sempre gostou dessa matéria e talvez faça alguma especialização. Ainda não decidiu. E quanto a você? Pretende mesmo fazer o que pretende, ou seja, lecionar apenas?

– Atualmente, doutor Monteiro – diz Enzo, começando a tratar o fazendeiro por doutor, pois vira que o homem do posto assim o fizera – tudo o que quero é um pouco de sossego. Pretendo, também, escrever um livro.

– Um livro?

– Sim. Sempre tive vontade de testar uma pretensa veia literária que imagino possuir, mas para isso, devo isolar-me um pouco. O senhor entende, não?

– Sim, e você pretende publicá-lo?

Enzo sorri e responde, brincalhão:

– Não sei, senhor Monteiro, não sei. Primeiro quero tentar escrevê-lo. Depois verei o que devo fazer. Talvez, até, guardá-lo na primeira lixeira que encontrar.

– Não acredito. Deve ser uma pessoa muito inteligente. Mas, a propósito, sobre o que pretende escrever? Um livro sobre Física, Química ou um romance?

– Tenho vontade de aventurar-me num romance.

– E já possui um enredo?

– Ainda não, mas sinto que ele virá no momento certo, assim que começar a escrever.

– Inspiração?

– Creio que sim.

– Estou começando a ficar interessado, pois, a despeito de minha rude aparência de homem do campo, gosto muito de ler.

– Não concordo com a “rude aparência de homem do campo”. O senhor me parece uma pessoa muito culta e, inclusive, elegante e apurada na maneira de vestir-se.

– Obrigado, Enzo, mas gostaria de fazer-lhe uma outra pergunta.

– Pois não.

– Você vai escrever um romance, mas não sabe o enredo da estória. Pelo menos, poderia adiantar-me o gênero que irá explorar? Será uma estória de amor, de crimes e mistérios, ou ficção científica?

– Sempre gostei de romances envolvendo paixões e, de preferência, com algum mistério a envolver os personagens.

– Minha leitura favorita. Quando terminá-lo, por favor, quero um exemplar.

– Pode ficar descansado, seu Monteiro. Se essa idéia der certo, o senhor será um dos primeiros a lê-lo. Faço questão.

– Bem, já estamos dentro de minha propriedade.

Enzo olha pela janela da camioneta e avista o verde dos pastos a perderem-se no horizonte, palmilhado de cabeças de gado e, por toda a extensão, nos dois lados da estreita estrada de terra, bem cuidada cerca de troncos e ripados de madeira pintados de branco dão um toque de organização à fazenda.

– Sua fazenda deve ser muito grande, seu Monteiro.

– É muito grande, sim, e de há muito tempo pertence à minha família. O primeiro proprietário dela foi meu tetravô, o coronel Felisbino. Aliás, o nome desta cidade é o mesmo da fazenda: Santelmo.

– Qual a origem desse nome, doutor Monteiro? Teria algo a ver com o fenômeno elétrico fogo-de-santelmo, aquelas faíscas elétricas que ocorrem nos mastros dos navios ou em altas torres, em dias de tempestade?

– Exatamente. Pelo que sei, através de relatos de meu pai, o meu tetravô, quando veio da Europa para o Brasil para tomar posse das terras que havia adquirido, ficou muito impressionado com esse fenômeno no mastro do navio em que viajava e, quando aqui chegou, já na primeira noite, viu o mesmo fenômeno no topo de alta árvore, localizada em mata da fazenda, num local bem elevado, onde se encontra a nascente do rio. E, dessa maneira, denominou estas terras de Fazenda Santelmo. Por conseqüência, quando a cidade começou a ser formada, acabou levando o mesmo nome. Não sei se isso é verdadeiro ou apenas lenda.

– E o senhor já viu esse fenômeno, o fogo-de-santelmo?

– Nunca o vi, Enzo. Talvez o coronel Felisbino o tenha observado naquela época, onde talvez houvesse menos árvores no alto do monte e alguma ou algumas se destacassem mais.

– De qualquer maneira, é bastante interessante.

– Você verá muitas coisas interessantes aqui e tenho

certeza de que irá gostar muito de minha casa também, aliás, uma de minhas frustrações é não ter estudado Engenharia ou Arquitetura. Gosto de construir, principalmente casarões com muitos cômodos.

– Não acredito...

– Pois pode crer e sabe qual é o meu maior sonho?

– Qual?

– O de construir um castelo, cheio de salas, altos muros, sótãos, adegas e passagens secretas. Sabe que já visitei muitos na Europa?

– Verdade?

– Fico maravilhado com o que aqueles homens conseguiram construir, principalmente pelo fato de não possuírem a tecnologia que possuímos hoje.

– Mesmo assim o fizeram. Na verdade, na falta de tecnologia, devem ter utilizado muita inteligência e criatividade.

– Se houver oportunidade e tempo, gostaria de lhe mostrar alguns projetos que desenhei.

– Pois não vejo a hora de vê-los, seu Monteiro. Também tenho verdadeira fixação nesses tipos de construção.

– Se um dia pudesse construir um só desses projetos...

– E por que não o faz?

– Nícea não aprova muito essas minhas idéias.

Cláudia também não aprovava. Uma de suas desculpas para deixar-me foi a de que não conseguia morar em nossa casa.

– Mas o que tem demais em sua casa?

– Veja com seus próprios olhos.

Enzo volta o olhar para o lado sudeste e depara-se com extenso telhado a surgir na linha do horizonte. Conforme a camioneta vai ganhando metros no aclive da estrada, belo casarão começa a surgir, imponente, cercado de frondosas árvores, visão a destoar-se naquele mar de pastos de vegetação rasteira, onde o sol parece a tudo dominar.

– Meu Deus! – exclama, no momento em que consegue visualizar toda a construção: um casarão construído com pedras justapostas, apenas interrompidas por muitas janelas, a demonstrar pelas quatro fileiras, a sua grande altura.

– Quantos andares possui, seu Monteiro?

– Possui um andar térreo, mais dois acima, um sótão e um porão, além de, veja lá, algumas áreas térreas, construídas como prolongamentos.

– O senhor deve possuir muitos empregados.

– O suficiente para cuidar de dois andares apenas. Muitas das dependências ficam fechadas, sem utilização. Na verdade, encontram-se vazias, ainda.

– Quando o senhor me disse que gostava desse tipo de construção, não podia imaginar...

– Não podia imaginar que eu seria capaz de realizar uma... digamos... como dizia minha esposa, uma loucura.

– Não diria loucura, mas...

– Não se acanhe, meu amigo, pode externar o que pensa.

– Uma loucura, mesmo.

Ambos, que já parecem se conhecer de há muito tempo, irrompem em alegre gargalhada. Enzo não se contém:

– O senhor é um louco, mesmo, mas um louco, digamos...maravilhoso. É isso mesmo. Estou maravilhado com tudo o que estou vendo.

– Espere até chegarmos mais próximo.

E, realmente, seu Monteiro tem toda a razão. Assim que estaciona a camioneta defronte do casarão, Enzo fica extasiado e perplexo diante da construção que, apesar de parecer um tanto rústica, toma conta de todo o cenário. Frondosas árvores não chegam a alcançar-lhe a altura, proporcionando sombras apenas até o terceiro andar. Pequeníssimas folhas secas, de cor acobreada, caídas das árvores, formam imenso tapete a amortecer os passos de quem por ali transita, num farfalhar suave e ameno. A enorme porta principal possui largas e pesadas folhas, sendo grandes, também, a fechadura e os gonzos nelas fixados. Enzo olha em direção ao alto, como que a medir toda a altura da construção, até o topo da parede que termina triangularmente e em cujo centro encontra-se a última e solitária janela que presume ser a do sótão.

– Venha, vamos entrar.

Sobem por larga escada e, após percorrerem um alpendre que continua pelos lados da casa, abrigando várias cadeiras e folhagens dos mais diversos tipos, plantadas em pesados vasos e floreiras, entram em ampla sala com sofás e poltronas, muitos móveis de esmerado gosto à frente das paredes e encimados por quadros e tapetes. Enorme lareira expõe em sua aparente chaminé, uma cabeça de touro empalhada, enquanto armas antigas encontram-se depositadas por sobre trabalhada arca.

– Sente-se, meu amigo. Vou pedir para que nos sirvam uma bebida. A propósito, logo conhecerá minha filha que, como costumeiramente o faz neste horário, deve estar passeando a cavalo nas trilhas de uma mata nativa que faço questão de preservar e que, aliás, gostaria que conhecesse, principalmente os lados da nascente de um pequeno rio que brota de dentro de um elevado rochoso que determina por muitos quilômetros um grande desnível e delimita a área de minha fazenda. Muitas vezes vamos lá à noitinha, onde jogamos conversa fora.

– Agradeço muito, seu Monteiro, e, tenho certeza, não faltará oportunidade. Amanhã gostaria de conhecer a cidade e, mais à tarde, dona Aurora, a fim de resolver o problema de minha estadia por uma semana, talvez.

– Pois poderá ficar quantos dias quiser aqui em minha casa, Enzo. Gostei muito de você e tenho certeza de que será muito agradável a sua presença conosco até que eu providencie a reforma da outra na cidade.

– Obrigado, seu Monteiro, porém, quanto à reforma

da casa, que muito agradeço, penso que o senhor deve aguardar a minha decisão de aqui permanecer como professor.

– Você tem razão, mas quero dizer-lhe que seria muito bom para Santelmo se resolvesse aceitar essas aulas, pois nossas crianças muito necessitam e mês que vem inicia-se o ano letivo. Estou muito preocupado com esse problema.

– Desculpe-me a pergunta, seu Monteiro, mas é que o vejo tão envolvido com isso e gostaria de saber o que pensa o prefeito da cidade.

Seu Monteiro sorri ao responder:

– Eu sou o prefeito de Santelmo.

– O senhor é o prefeito daqui? – pergunta Enzo, admirado.

– Por várias vezes. O povo desta cidade assim o exige e procuro fazer o que posso para não decepcioná-los.

– Tenho plena certeza disso.

Nesse momento, surge uma empregada, já com uma bandeja às mãos, com dois copos e vários tipos de bebida. Enzo fica surpreso com a presteza do atendimento, já que Monteiro apenas fizera menção de que poderiam tomar algo, o que prontamente o anfitrião lhe explica:

– Sempre que chego, à tardinha, Elza já me traz alguma bebida. Para limpar a garganta da poeira da estrada, sabe? O que prefere, meu amigo? Um uísque ou um licor? Talvez uma cerveja?

– Prefiro um cálice desse licor.

– Pois fique à vontade.

E dirigindo-se à empregada, lhe ordena:

– Por gentileza, Elza, assim que o meu amigo o desejar, prepare-lhe um banho.

– Pois não, senhor.

Os dois, então, ficam algum tempo a conversar. Monteiro entusiasma-se falando da casa e de seu sonho em ampliá-la mais ainda. Nesse momento, Elza traz um telefone para que ele atenda.

– Alô? Sim. É Monteiro quem fala. Pois não, seu José. Não, não estou precisando de nenhum medicamento. Ah, sim, o senhor viu-me defronte de sua farmácia...certo...não...realmente, não me esqueci de nada, pode ficar tranqüilo. Como? O senhor viu um estranho em minha camioneta e ficou preocupado...não precisa preocupar-se, não, seu Zé, está tudo bem. Pode ficar descansado e obrigado por sua preocupação. Muito agradecido.

Monteiro desliga o telefone e dá sonora gargalhada, enquanto Enzo fica a olhá-lo, curioso.

– Esse pessoal! – comenta Monteiro, sem nada revelar a Enzo sobre o que estava rindo.

Continuam a conversar por cerca de meia hora até que Elza anuncia que os aposentos do visitante estão à sua disposição. Enzo, então, dirige-se para o quarto que lhe é designado e começa a banhar-se num banheiro exclusivo do cômodo.

IV

– Você o conhece, Dimas? – pergunta Dagoberto, único barbeiro de Santelmo, enquanto corta os cabelos de Dimas, encarregado das finanças da prefeitura da cidade – Disse que passou por aqui quando ele estava conversando com o João...

A barbearia, naquele horário, ou seja, após as dezoito horas, já tem as suas cadeiras ocupadas pelos costumeiros freqüentadores que para ali se dirigem após o trabalho a fim de conversarem sobre os mais diversos assuntos, principalmente aqueles de ordem alheia, melhor ainda, se ocorrer alguma novidade na cidade, sempre rara de novos acontecimentos. E, naquele momento, algo de novo surge no pacato cenário de Santelmo: um estranho não somente esteve a conversar com o doutor Monteiro como, também, foi levado por ele em sua camioneta.

– Nunca o vi por estas bandas – responde Dimas – e faz muito tempo que não vejo o doutor Monteiro dar carona para estranhos.

– Pois acho que deve ser alguém muito importante –

comenta Ariovaldo, gerente do único Banco da cidade, ali inaugurado há pouco tempo, mais em função da fazenda de seu Monteiro e de alguns outros fazendeiros da região.

– Pelo jeito do homem, ponho minhas mãos no fogo se não for gente do governo – arrisca Gustavo, proprietário do açougue que possui um pacto com seu Monteiro a respeito do preço da carne para os moradores do local. O fazendeiro exige que a carne, por ele distribuída, seja mais barata para os moradores da cidade, já que lhe faz um preço muito especial.

Na verdade, todas aquelas pessoas, assim como outras tantas, assim que souberam que um estranho estava a conversar com o fazendeiro, deram um jeito de passar pelo posto de gasolina que fica situado defronte da barbearia de Dagoberto.

– Mas vamos perguntar ao João do Posto. Ele deve ter ouvido o que conversaram – fala mestre Doca, um velhote aposentado, de noventa e quatro anos, que conquistou o título de mestre por ser o melhor jogador de bocha da cidade e quiçá da região, jogo tradicional dos fins de semana de Santelmo que possui um bem cuidado campo no Bar do Balim, um dos bares mais freqüentados por todos os aficionados desse jogo.

– Bem pensado, mestre Doca – concorda Dagoberto, chegando até a porta da barbearia e gritando pelo homem – João! João! Venha até aqui um minuto.

– O João não vai falar nada.

– Será?

– Vocês querem apostar? – pergunta Dimas. – Aposto dez contra um.

– E por que você tem tanta certeza assim?

– Depois eu explico.

Nesse momento, João entra na barbearia com um sorriso enigmático no canto dos lábios.

– O que você quer, Dagoberto?

– Você já sabe o que nós queremos, João. Vamos, diga-nos quem é aquela pessoa que estava conversando com o doutor Monteiro.

– E como vou saber?

– Ora, João, você é mais curioso do que nós todos e temos absoluta certeza de que ouviu toda a conversa dos dois.

– Pois eu não ouvi nada. Estava longe deles.

– Você ouviu, sim, João. Fale logo, homem – pede Dimas, já sem muita paciência.

– Já disse que não sei.

– Tudo bem, mas diga-nos, pelo menos o que o estranho conversou com você, assim que chegou ao posto.

– Ele apenas perguntou-me se havia algum hotel na cidade. Acredito que amanhã ele vai procurar dona Aurora. Quer um quarto para alugar. Não tenho mais nada a dizer.

– Eu não disse? – pergunta Dimas, triunfante.

– É só isso que querem de mim?

Todos olham para o homem, sem nada responder e com ares de frustração.

– Então devo voltar para o meu trabalho – diz João, saindo com o mesmo sorriso enigmático e matreiro.

– Você disse que ia nos explicar, Dimas, por que o João não falaria nada.

– Mas é muito simples. Vocês não perceberam que João não tem freqüentado mais este salão?

– É verdade. Por que será? – pergunta Ariovaldo.

– O João, agora, bandeou-se para os lados da farmácia.

– Não acredito – exclama Gustavo – mas que traidor...você tem certeza?

– Absoluta – responde Dimas – Já faz três noites que ele forma roda lá.

– Mas que safado! – exclama, por sua vez, mestre Doca. – No mínimo deve estar contando tudo o que costumamos conversar aqui.

– Olhem lá! – grita Dagoberto. – Já vai indo para os lados da farmácia.

A farmácia a que se refere Dagoberto, fica situada na calçada oposta, diagonalmente, a cerca de uns trinta metros do posto que se localiza bem à frente da barbearia.

– Vai contar a novidade para o José de Paula.

Dimas salta da cadeira, com a toalha presa ao pescoço e com a cara cheia de creme de barbear, corre para a porta junto aos outros e berra, em tom de chacota:

– Está com dor de cabeça, João?!

O homem continua a caminhar sem olhar para trás, enquanto José de Paula, o proprietário da Farmácia Santa Filomena, vem até a porta para recebê-lo, endereçando um largo sorriso em direção ao pessoal da barbearia e acenando com a mão, no que é respondido por todos que, imediatamente, retornam para o interior do salão. Naquela cidade onde pouco se tem a fazer, existe um outro divertimento além do Bar do Balim, com seu campo de bocha: a rivalidade entre o pessoal que freqüenta diariamente a barbearia e aqueles que freqüentam a farmácia. Uma verdadeira disputa por tomar conhecimento em primeira mão de fatos novos da cidade e da região, divide seus freqüentadores que, através de um porta-voz, atravessa a rua levando a novidade para os rivais. E cada vez que isso acontece, um risco, com cerca de dez centímetros de comprimento, é gravado numa das paredes internas do estabelecimento. Todos os freqüentadores conhecem e chegam a conferir a disputa, porém, nunca nenhum deles admitiu a existência dela, limitando-se apenas a exibirem um sorriso de triunfo nos lábios e a gravarem o risco de mais uma vitória. Todos se dão muito bem, tratando-se uns aos outros com muito respeito, porém, toda vez que têm que entrar no estabelecimento "inimigo", seja para cortarem os cabelos ou comprar remédios, os assíduos freqüentadores, que lá já se encontram, mudam de assunto, seja ele qual for, a fim de darem a impressão de que falavam a respeito de algum segredo.

– Vou até a farmácia – resolve Gustavo. – Compro uma aspirina.

– Não vai adiantar nada. Neste momento, João já deve ter contado tudo o que ouviu.

– Só pode.

– Não demora muito e Alcides virá fazer a barba.

– Pode contar o tempo. Não demorará mais que cinco minutos.

– Se passar disso, é porque João não ouviu, realmente, nada.

– Estou torcendo por isso.

– É lógico que se ele não souber de nada, o José de Paula vai dar um jeito de ligar para o doutor Monteiro.

– Vamos esperar.

– Vejam! – exclama Dagoberto. – José de Paula está telefonando.

– Só pode estar telefonando para o doutor Monteiro.

– Isso é golpe baixo! – diz Dimas.

– Golpe baixo ou não, eles vão ficar sabendo agora.

– Podem marcar novamente o tempo. Mais cinco minutinhos e Alcides vai sair por aquela porta.

Não leva tanto tempo e o homem sai da farmácia em direção à barbearia.

– Lá vem ele – diz Dimas, desconsolado.

– Mas pela sua cara, não me parece...

– Boa noite a todos – cumprimenta Alcides, passando pela barbearia e seguindo adiante.

– Boa noite, Alcides – respondem todos, boquiabertos, aguardando que o homem dobre a esquina a pouco mais de dez metros de distância.

– Ele não entrou! – grita Dagoberto. – Ele não entrou!

– João não estava mentindo.Ele não ouviu nada.

– Mas esse João é ruim, mesmo. Perdeu a grande oportunidade de sua vida.

– E o doutor Monteiro não revelou nada ao José de Paula.

– Vencemos!

– Vencemos nada – diz mestre Doca. – Temos que descobrir quem é o homem antes deles.

– Mestre Doca tem razão, mas como faremos?

– Só há uma maneira – diz Dimas.

– Que maneira? – pergunta Gustavo.

– Um de nós ir até a fazenda do doutor Monteiro.

– Ir até a fazenda?

– E com que desculpa? Ninguém tem nada para fazer lá.

– Isso mesmo, Dimas, com que desculpa? – pergunta mestre Doca.

– Tenho uma correspondência lá na Prefeitura para entregar ao doutor Monteiro.

– Muito bem pensado, Dimas. Mas como fará para descobrir quem é esse desconhecido?

– Se tiver sorte, poderei até ser apresentado a ele e logicamente ficarei sabendo quem é.

– Pois então acho que você deve se apressar.

– Por quê?

– Porque o professor Fortunato está saindo com seu carro lá da farmácia. Quem nos garante que eles não tiveram a mesma idéia?

– É mesmo! – exclama Dimas, levantando-se de um salto da cadeira e arrancando, apressadamente, a toalha do pescoço. – Vou já para lá – complementa, entrando em seu automóvel, estacionado defronte da barbearia e saindo, aceleradamente, sem ouvir mestre Doca que grita para ele, ao perceber que tomava já o rumo da estrada que levava à fazenda:

– Dimas! Você precisa apanhar a correspondência, antes!

– Já foi... – comenta Dagoberto.

– O que ele vai dizer ao doutor Monteiro? Que foi até lá para levar uma correspondência e que a esqueceu?

– Vou atrás dele – resolve Gustavo. – Meu carro está aqui do lado.

– Pois corra, Gustavo!

– Isso não vai dar certo – lamuria-se Ariovaldo – O

que o doutor Monteiro irá pensar? Três automóveis em desabalada carreira entrando em sua fazenda, pois é bastante provável que Fortunato também tenha ido para lá.

– Vai graxa aí, bando de desocupados?

Todos olham para os próprios pés, respondendo quase em uníssono ao engraxador de sapatos:

– Não, Zé da Graxa.

– Posso tomar um cafezinho, seu Dagoberto?

– Vai, Zé da Graxa. Entre e tome.

– Muito obrigado – agradece o engraxate, dirigindo-se até um pequeno móvel onde se encontra uma garrafa térmica de café e algumas xícaras. Zé da Graxa é figura pitoresca de Santelmo, por causa de sua desengonçada maneira de andar, pois possui uma perna mais curta que a outra e um pouco voltada para dentro. Vive de uma pensão deixada pelo pai, viúvo, falecido há alguns anos, e de pequena renda que percebe com o serviço de engraxate e outros biscates que realiza para os moradores da cidade. Mas sua maior característica vem das frases inteligentes que desfere e que, quase sempre, plenas de verdades, chegam a incomodar o íntimo das pessoas, não acostumadas com o sincero e puro pensamento de um pobre coitado que a tudo vê com muita simplicidade, sem retoques e sem escamoteações oriundas do orgulho e da vaidade. Na verdade, Zé da Graxa é um grande estudioso, apesar de ter apenas aprendido a ler e a escrever na escola primária. Com pouca idade teve necessidade de trabalhar para ajudar no sustento de seu lar, principalmente após a morte da mãe e da doença do pai que o impossibilitava de trabalhar, mas sempre se interessou por tudo quanto é assunto, lendo muito e aprendendo sempre, através de livros, principalmente científicos e filosóficos da extensa biblioteca do doutor Prado, que faz questão de oferecer-lhe, além das mais variadas revistas que assina. Na verdade, Zé da Graxa, com sua aparência simples e humilde, causa admiração a todos na cidade que, apesar de não conseguirem entender seu grau de inteligência, amiúde o consultam sobre os mais diversos assuntos. – Vocês me parecem muito preocupados esta noite. Aconteceu algo de grave?

– Ainda não, Zé da Graxa – responde Dagoberto.

– Mas vai acontecer – complementa mestre Doca.

– Se ainda vai acontecer é porque ainda não aconteceu e se ainda não aconteceu, não pode ser evitado que aconteça?

– Tem lógica o que diz, Zé da Graxa, só que você esqueceu-se do fator tempo.

– Não dá mais tempo de evitar...?

– Não.

– Talvez eu possa ajudá-los.

– Você, ajudar-nos?! – exclama Ariovaldo, rindo da pretensão do rapaz.

– E por que não? – insiste Zé da Graxa. – Estou sempre pronto a auxiliar a quem precise.

– Desta vez não, Zé.

– Pois eu insisto. Contem-me o problema e verei o que posso fazer.

– Você é capaz de realizar um milagre?

– Nem sempre é preciso um milagre para resolver um problema.

– Já que você insiste, Zé, – fala mestre Doca, zombeteiramente – ajude-nos no seguinte caso: Dimas está a caminho da fazenda do doutor Monteiro para entregar-lhe uma correspondência, só que se esqueceu de levá-la com ele. Queremos, então, que faça com que ele perceba isso a tempo e volte para a cidade ou, então, dê um jeito para que Gustavo, que foi atrás dele, consiga alcançá-lo e que ambos não trombem com Alcides que também foi para lá.

– Mas que confusão!

– Esse é o problema.

– Mas não vejo problema algum. Se Dimas chegar lá antes de Gustavo alcançá-lo, basta que diga ao doutor Monteiro que esqueceu-se da correspondência e...esperem um pouco...Dimas a caminho da fazenda...Gustavo tentando alcançá-lo...Alcides também se dirigindo para lá...isso tem dente de coelho...não me digam que estão competindo com a turma da farmácia novamente... – diz Zé da Graxa, que nunca quis participar desse tipo de disputa.

– É isso aí, meu amigo, e vai haver uma enorme confusão quando o doutor Monteiro perceber.

– O que vocês estão procurando saber, agora, em primeira mão?

– Deixe para lá, Zé da Graxa. Você já fez perguntas demais.

– Desculpem-me, então. Se vocês não querem o meu auxílio, paciência. O que posso fazer? Mas tenho a certeza de que se vocês me dissessem do que se trata...

– Não insista, Zé, não insista – pede Dagoberto já um pouco irritado.

– Tudo bem. Tudo bem. Não se fala mais nisso, mas se vocês...

– Não insista, Zé!

– Não se zangue com ele, Ariovaldo – pede mestre Doca. – Ele só quer ajudar. Como sempre.

– Falando em ajudar, passei pela casa da Maria do Socorro e fiquei muito penalizado com seu filho Jorjão.

– Ele não melhorou nem um pouco, Zé? – pergunta Dagoberto.

– Está bem pior. Agora não já fala mais e fica só olhando com aqueles olhos esbugalhados, parecendo querer sair das órbitas.

– Acho que ele está no fim – comenta Ariovaldo. – Já fez todo o tipo de tratamento e olhe que o doutor Monteiro não poupou gastos com ele.

– Também acho que não tem mais jeito, não. Já retirou um pulmão e já fez até quimioterapia.

– Essa doença é muito braba, mesmo – fala mestre Doca. – Estive lá semana passada e fiquei impressionado. O rapaz mal consegue respirar. Um grande sofrimento.

– Hoje ele está pior. Já nem consegue comer mais nada. A ambulância da Prefeitura vai levá-lo esta noite, de volta à capital, onde faz o tratamento, por ordem do doutor Prado.

– Será que ele agüenta a viagem? Está muito fraco.

– O doutor Prado deve saber o que está fazendo e pode ser, até, que não tenha outra saída.

– Está aí uma coisa que não consigo entender. Tanto vagabundo vivo e cheio de saúde e Jorjão, menino bom e trabalhador, sofrendo desse jeito.

– Quantos anos ele tem, Dagoberto?

– Pelo que sei, vinte e sete anos.

– Sempre foi um garoto muito forte e, como já disse, muito trabalhador. Nunca faltou ao serviço lá na Prefeitura e olhem que trabalha desde menino.

– É verdade. Com sete anos, já trabalhava lá na loja do Euclides onde, me parece, ficou até os dezoito, quando foi para a Prefeitura.

– E sempre trabalhando no pesado.

– Um bom filho, também. Quando chegava do serviço ainda encontrava tempo para ajudar sua mãe, Maria do Socorro.

– Sabem que até roupa ele passava?

– E essa doença vem, agora, acabar com ele. Realmente, isso eu não consigo entender – desabafa Ariovaldo. – Sabem, acredito em Deus e creio que deva existir uma razão para esse tipo de sofrimento, para esse tipo de aparente desigualdade, mas, sinceramente, não consigo uma explicação, por mais que procure raciocinar, sobre esses acontecimentos.

– Só que tem uma coisa em que eu acredito.

– E o que é, mestre Doca?

– Com toda a certeza, sofredores como o Jorjão devem ter entrada garantida no Céu quando morrerem.

– Disso também tenho plena certeza – concorda Dagoberto. – Agora, o que me dizem daquele cara que apareceu na televisão e que assassinou uma família inteira sem nenhum motivo aparente?

– Tenho certeza de que irá para o inferno.

– Esperem um pouco – interrompe Zé da Graxa. – Tem alguma coisa errada nesse raciocínio de vocês.

– Como, errada, Zé? Os bons não deverão ir para o Céu e os maus para o inferno? Não tem nada mais lógico.

– À primeira vista, sim, mas se analisarmos por que existem os bons e os maus, aí esse raciocínio se complica.

– Por que se complica? Você é quem está querendo complicar. Não vá me dizer que o filósofo Zé da Graxa não acredita em Deus.

– Acredito sim e muito, mas faço-lhes uma pergunta muito simples: por que existem os bons e os maus?

– Deve ser a índole de cada um.

– Mas quem colocou essa índole em cada um? Deus? Se foi Deus, Ele não foi justo, pois que critério Ele usou para isso? Por que premiar alguns com boa índole e outros com má índole? Que critério Ele usa para escolher aqueles que, de boa índole, irão para o Céu e os que, de má índole, irão para o inferno? Vejam vocês que, se for dessa maneira, nenhum malfeitor tem culpa de ser um malfeitor já que foi Deus quem assim o quis.

– Eu tenho uma explicação para isso – diz mestre Doca. – O que faz a índole de cada pessoa é o ambiente em que ela vive ou, mesmo, a criação que cada um teve de seus pais. Certo?

– Errado, – responde Zé da Graxa – pois se a boa ou má índole de cada pessoa depende do local em que vivem ou dos pais que possuem, quem escolheu para ela o ambiente ou os seus pais? Só pode ter sido Deus. E por que Ele fez diferença entre esses seres? Eles também não têm culpa de terem nascido aqui ou acolá, educados por estes ou aqueles pais.

– Você está fazendo sofismas – acusa Ariovaldo – e complicando minha cabeça.

– Não estou fazendo nenhum sofisma e nem complicando a cabeça de ninguém. Apenas estou colocando os fatos para que sejam analisados por vocês.

– Tudo bem, Zé da Graxa, e como você explica todo esse mistério?

– Até hoje só consegui encontrar uma explicação plausível: a reencarnação.

– Reencarnação?! – pergunta, admirado, Dagoberto.

– Reencarnação, sim, homem.

– Você acredita que depois de mortos poderemos reencarnar em outra pessoa?

– Em outra pessoa, não, mas podemos nascer outra vez, ou seja, reencarnar, e essa nossa índole é a que trazemos conosco quando reencarnamos, trazida em nossa mente. Somos hoje o que fomos em outra vida anterior a esta e é em cada uma dessas encarnações que vamos aprendendo, muitas vezes necessitando sofrer para sentirmos na própria carne muito do que já causamos a outrem.

– E qual a vantagem dessa reencarnação, Zé? Eu acho que, se formos bons, vamos para o Céu, encontramo-nos com Deus e, se formos maus, iremos para o fogo do inferno – diz mestre Doca.

– O senhor não acha que é muita pretensão de sua parte?

– Pretensão por quê?

– Pois diga-me uma coisa: quantos anos o senhor acha que um homem consegue, em média, viver neste planeta?

– A média deve ser uns sessenta e poucos anos de idade, – responde Dagoberto – a não ser que seja um teimoso como mestre Doca, que já está levando uns bons vinte e tantos anos de lambuja.

Todos riem.

– Pois tomemos, então, como exemplo, a idade do querido mestre Doca. Todos acreditamos que a vida seja eterna, que não tenha fim. Agora eu lhes pergunto: o que significa oitenta e quatro anos dentro da eternidade?

– Nada – responde Dagoberto.

– E vocês acham que apenas oitenta e quatro anos podem nos dar condições de encontrarmo-nos com Deus e até vivermos ao seu lado como pregam muitas religiões?

– Entendo o que quer dizer – diz mestre Doca.

– É por isso, meus amigos, que muito tempo, mas muito tempo, mesmo, é necessário para que possamos extirpar de nossos corações todo tipo de sentimentos inferiores e somente através da reencarnação, vivendo muitas e muitas vezes é que conseguiremos isso. Diz, ainda, a Doutrina Espírita, que para podermos atingir essa evolução de nossos sentimentos, precisamos retornar junto àqueles com os quais contraímos as nossas mais pesadas dívidas do passado, a fim de podermos repará-las.

– E como não nos lembramos dessas vidas?

– Pois imaginem se nós, reencarnados, nos lembrássemos do nosso passado e do dos nossos semelhantes que vivem conosco. Pior ainda, imaginem os nossos semelhantes que vivem conosco lembrando-se do nosso passado. Seria o caos.

– Deixe-me fazer-lhe uma pergunta, Zé – pede Dagoberto. – Imagine que eu tivesse feito um grande mal para o mestre Doca na vida passada. Como deveria eu reparar esse mal numa outra vida?

– É preciso entender, Dagoberto, que, além do mal que fazemos a um nosso semelhante, quase sempre, criamos em seu coração um sentimento inferior muito forte que é o ódio. Dou um exemplo: vamos supor que você tivesse assassinado mestre Doca na vida passada, fazendo com que sua família, a quem ele tanto ama, viesse a sofrer muito com isso, inclusive por necessidades de sobrevivência. Pode crer que um grande mal causado a mestre Doca seria, também, o ódio que você teria plantado em seu coração.

– E como reparar isso?

– Trocando por amor esse ódio de seu coração.

– Não consigo entender.

– Dou-lhe mais um exemplo bastante simples: imagine vocês reencarnando como pai e filho. Se você reencarnar como filho de mestre Doca, o que acontecerá? Ele o amará tanto, desde a mais tenra idade, que mesmo que um dia venham a se recordar desse trágico passado, ele em nada mudará o rumo dos novos sentimentos adquiridos, pois o amor paternal e filial já se sobrepôs àquele sentimento de ódio.

– E todos nós reencarnamos para reparar algum mal?

– Não. Muitos reencarnam para transmitir ensinamentos aos outros, seja por palavras, seja por edificantes exemplos ou, simplesmente, para auxiliar algum outro Espírito com o qual tenha afinidade.

– Você já está quase me convencendo, mas...

Nesse momento, o telefone toca e Dagoberto atende:

– Alô? Sim, é Dagoberto. Quem? Farias? Pode falar, meu amigo. Como? Jorjão?!

– O que aconteceu? – pergunta mestre Doca, preocupado, enquanto o barbeiro faz-lhe um gesto para aguardar.

– Pois estávamos falando dele aqui na barbearia. Pobre rapaz. E dona Maria do Socorro? Sei... está bem. Eu comunico a todos.

Dagoberto desliga o telefone e tristemente encara os companheiros.

– O que aconteceu, Dagoberto?

– Jorjão morreu.

– Morreu? – pergunta Ariovaldo.

– Acabou de falecer.

– Coitado do Jorjão...e onde vai ser o velório?

– Na casa dele. Já estão preparando tudo.

Nesse momento, José de Paula, o farmacêutico, entra na barbearia.

– Vocês já estão sabendo que o filho de dona Maria do Socorro, acaba de falecer?

– Acabamos de receber a notícia através do Farias.

– Daqui a pouco iremos todos até lá.

Esse é o tipo de notícia que ambas as turmas, a da barbearia e a da farmácia não contam como ponto ganho ou perdido na disputa pelas novidades, apesar de que, nesse momento em que o farmacêutico entra na barbearia, os ali presentes não deixam de lembrar-se da que está em andamento: a identidade do estranho que conversara e saíra de camioneta com o fazendeiro e prefeito da cidade.

– Será que já avisaram o doutor Monteiro? – pergunta Ariovaldo.

– O doutor Prado já deve ter-lhe telefonado.

Propositalmente, José de Paula toca no assunto da disputa.

– Certamente, ele logo deverá estar aqui na cidade, afinal de contas, estava custeando todo o tratamento do rapaz. Pelo que sei, ele deve estar com uma visita em sua casa.

– É o novo professor de Ciências da escola, isto é, se ele resolver tomar posse aqui em Santelmo – revela Zé da Graxa.

Todos os presentes arregalam os olhos em direção ao rapaz e é Dagoberto quem lhe pergunta com um rouco tom na voz:

– Como você sabe disso?

– Eu não pude deixar de ouvir a conversa entre esse professor e o doutor Monteiro, pois estava no banheiro do posto quando eles se encontraram. Mas qual é o problema? Por que me olham dessa maneira?

V

Alvas e macias toalhas estão à disposição de Enzo no banheiro do quarto, assim como diversos *shampoos,* apetrechos de barbear e vários tipos de escovas de dente, ainda embaladas. Fica impressionado com o atendimento que aquele desconhecido e rico fazendeiro lhe oferece, assim como com o luxo das paredes e chão de granito e com o enorme espelho de cristal por sobre a pia.

– Meu Deus! – exclama, consigo mesmo. – Quanto requinte! Não estou acostumado com tudo isto. Posso até imaginar o jantar que será servido.

Termina de banhar-se e resolve aguardar que alguém o chame, pois não ousa aventurar-se a sair do quarto que está localizado no andar acima do térreo ao qual chegou, subindo por uma escada de largos degraus de madeira, guiado pela criada. Mesmo assim, resolve dar uma espiada pela porta e o que vê é um corredor com mais seis portas fechadas. A sua é a segunda a contar da esquerda por quem sobe a escada, sendo que as outras dispõem-se em ambos os lados, nunca uma à frente da outra. No final desse corredor, percebe a pilastra inicial de um corrimão que presume ser uma nova escada a levar ao andar de cima. Alguns vasos com folhagens localizam-se aos pares, entre os quais, alguns quadros e um grande espelho no centro.

– O que haverá por detrás dessas portas? – pergunta-se. – Serão outros quartos?

Retorna, então, para o interior do quarto e dirigindo-se até a janela e afastando a cortina, avista, logo abaixo, o telhado do alpendre de entrada e, à sua frente, frondosa árvore. Através de seus galhos e folhas um refrescante sopro de ar acaricia o seu rosto, pois que o sol já começa a se pôr no horizonte. Percebe, também, um alarido de pessoas que imagina ser de um grupo de trabalhadores, mais precisamente vaqueiros que chegam em suas casas, pois, um pouco antes desta, havia notado extenso grupo de moradias e que Monteiro havia lhe informado ser a colônia de seus empregados. Ouve, então, mais próximo, um trote de cavalo, percebendo alguma movimentação de pessoas no lado esquerdo da casa. Procurando enxergar melhor, debruça o corpo na janela, porém somente consegue visualizar, por entre as folhas, a cabeça do animal e, num relance, um rosto de mulher, bem no momento em que ela apeia. Mais vozes se fazem ouvir:

– Fez bom passeio, dona Nícea? – pergunta uma voz masculina.

– Muito bom, Benedito – responde a moça. – Tome

as rédeas e leve Ciclone para a cocheira. Deve estar com sede. Não fomos até as águas.

– Fique tranqüila, dona Nícea. Cuidarei bem dele.

– Sei disso, Benedito. Carmem, por favor, ajude-me com estas botas.

– Sente-se aqui, dona Nícea.

Enzo parece enlevar-se pela voz da moça, procurando imaginar como ela seria, do ponto de vista físico, pois pode perceber, através de suas palavras carinhosas e amigas, um temperamento muito bondoso e terno. Continua, então, a prestar atenção em sua conversa com Carmem, que imagina ser mais uma das empregadas daquela casa.

– Temos visita, dona Nícea.

– Visita?

– Sim. Um moço muito bonito.

– E quem é ele?

– Não sei. Apareceu com seu pai hoje à tarde e está hospedado num dos quartos de hóspedes. Deve estar se banhando neste momento. Irá jantar com vocês e, pelo que pude perceber, passará esta noite aqui.

– Papai não me falou nada a respeito. Como ele chegou até aqui?

– Veio de camioneta com seu pai.

– Não tenho a mínima idéia de quem possa ser.

Bem, vou tomar um banho. Chame-me para o jantar, Carmem.

– Pode deixar.

Enzo sorri curioso e ao mesmo tempo apreensivo, pois todo aquele requinte continua a assustá-lo. Mesmo assim, tomado de coragem, retorna à porta do quarto, entreabrindo-a, na esperança de que o quarto de Nícea seja naquele mesmo andar. Gostaria de vê-la antes de encontrá-la na hora do jantar. Isso o faria mais seguro. Alguns poucos minutos se passam e ouve passos subindo a escada. Cerra a porta com cuidado, entreabrindo-a novamente quando percebe que a moça já havia passado por ela, dando tempo ainda de vê-la pelas costas antes que entre naquele que presume ser o seu quarto. Imagina ser uma bela moça apesar de não ter conseguido ver o seu rosto de frente. Estatura mediana, corpo esguio, sem ser exageradamente magra e andar que percebe ser seguro e confiante, com um leve e elegante gingado.

– Parece ser muito bonita – pensa, pois a vira apenas de perfil, no momento em que ela girara o corpo para a direita a fim de entrar em seus aposentos. Possui cabelos cortados até os ombros, de cor castanha, tendendo para o ruivo. Nesse mesmo momento, arrepende-se do que fizera, pois a moça bem poderia ter percebido e olhado para trás, pegando-o em flagrante espionagem. – Que coisa feia! – fala consigo mesmo.

Mais uma vez retorna para o interior do quarto e,

cuidadosamente, deita-se na cama no intuito de descansar um pouco até ser chamado para o jantar.

* * *

– Sente-se aqui ao meu lado, Enzo – pede Monteiro, sentando-se, por sua vez, à cabeceira da mesa de jantar. – Nícea já deve descer. Elza, por favor, peça à minha filha para apressar-se. Temos visita.

– Pois não, seu Monteiro. Com licença.

– Pode servir, Carmem.

– Se quiser esperar sua filha...– sugere polidamente Enzo.

– Não se preocupe, meu amigo, aqui não temos muita cerimônia. Por favor, sinta-se em casa.

Carmem começa, então, a servir o jantar. Enzo, por sua vez, procura aparentar tranqüilidade e desenvoltura, mas sente a mão tremer quando leva a primeira garfada à boca.

– Meu Deus, preciso controlar-me – pensa, preocupado. – Por que tamanho nervosismo? Tenho que ficar calmo.

E acostumado que está em ter um bom autocontrole, consegue, quase que imediatamente, voltar ao seu estado normal e até iniciar uma conversação no intuito de não se tornar enfadonho.

– Mas realmente, seu Monteiro, estou muito

impressionado com esta casa. Quanto tempo o senhor levou para construí-la?

– Na verdade, não a construí, apenas reformei-a toda, procurando manter a sua construção e aparência originais. Este casarão remonta ao século passado e quem o construiu foi o coronel Felisbino, como já lhe disse, meu tetravô. Levei muitos anos, meu amigo e, também, muita dedicação. Estudei e compus todos os seus detalhes minuciosamente.

– Realmente, tudo parece estar em seu real e devido lugar. Tudo muito bem planejado.

– Disso você pode ter certeza. Cheguei, inclusive, a ampliá-lo um pouco e a demolir partes que eu havia construído, construindo tudo de novo, quando algo não parecia de meu agrado e de acordo com o meu projeto. Na verdade, esse projeto estendeu-se por todo o tempo da reforma. Eu o reformei como um artista restaura um quadro: primeiro, o esboço, que foi o meu projeto inicial, depois, o detalhamento durante a sua restauração e, finalmente, o retoque final.

– Papai sente-se um verdadeiro artista quando fala desta casa. Espero que ele não o esteja importunando muito com esse assunto – interrompe Nícea, entrando na sala de jantar e enlaçando o doutor Monteiro pelo pescoço, num abraço carinhoso, seguido de um beijo em sua face. O homem toma a mão da filha e, beijando-a, faz a apresentação.

– Esta é minha querida e adorada filha. Nícea, este é Enzo, um novo amigo de papai.

– Muito prazer – diz a moça, apertando a mão de Enzo.

– O prazer é todo meu. Seu pai já me falou muito a seu respeito e agradeço a ele pela gentileza de chamar-me de seu novo amigo, já que nos conhecemos há poucas horas.

– Você deve ter algo de muito especial, pois papai não é de fazer novos amigos facilmente.

– Na verdade, o que ele me fez foi uma grande caridade – diz Enzo, contando como foi que se conheceram e de seu problema em conseguir um local para passar a noite. – Penso até que seu Monteiro deveria ser um pouco mais cuidadoso com essa sua bondade, pois nem me conhecia e hoje em dia é necessário muito cuidado com estranhos.

– Sei reconhecer as pessoas, meu amigo, sei reconhecer as pessoas – interrompe o homem.

Nícea, então, sorrindo, senta-se à frente de Enzo e, começando a servir-se, explica-lhe que o pai já lhe havia falado sobre ele uma meia hora atrás, em seu quarto. Enzo, por sua vez, espera ter causado uma boa impressão àquela linda e sempre sorridente mulher, com a qual ficou muito impressionado.

– Espero que resolva ficar aqui como professor de Ciências. As aulas já se encontram em vias de recomeçar.

– Sim...bem...talvez...

– Fiquei sabendo, também, que pretende escrever um livro.

– Realmente, gostaria de experimentar. Tenho a sensação de que posso fazê-lo, mesmo que não seja para publicá-lo.

– Espero que tudo dê certo. Papai já deve ter-lhe falado, também, a respeito de alguns e não poucos segredos desta casa. Na verdade – confidencia, sussurrando, mais em tom de brincadeira – ela é mal-assombrada.

– Não, não me disse nada.

– Minha filha, – interrompe Monteiro, rindo – não vá assustar o rapaz, por favor. Temo que ele nos tome por loucos, aliás, ele, num ímpeto, já chamou esta construção de uma loucura.

– No bom sentido, seu Monteiro, no bom sentido. Como já lhe disse, estou maravilhado com esta casa, inclusive, sabe o que sinto aqui dentro?

– Sim...?

– Tenho a impressão de que esta construção parece, digamos, algo vivo, algo pulsante, não sei explicar.

– Já sei o que quer dizer. Parece que ela nos acolhe e que, da mesma maneira que o faz, poderá expulsar-nos a qualquer instante se não lhe tivermos o devido respeito, não é?

– É isso mesmo. Parece que ela tem vida própria.

– Não lhe disse que é mal-assombrada?

– Você está falando sério, Nícea? – pergunta Enzo, com um sorriso nos lábios.

A moça devolve o sorriso e responde:

– Estou, sim. Aqui tem acontecido algumas coisas um tanto estranhas, apesar de que não sou de ficar impressionada e procuro sempre nomear alguma causa para alguns fenômenos que ocorrem.

– E que tipo de fenômenos são esses?

– Na maioria das vezes, alguns sons estranhos como estalidos, pancadas, de outras vezes, algumas sombras a se moverem.

– E você põe à conta de que causas?

– Os estalidos, imagino serem provenientes da contração das madeiras da casa, alguns sons, talvez oriundos de lufadas de vento a percorrer as pedras da construção e as sombras...bem...ainda não tenho uma opinião formada.

– Mas diga a Enzo o que pensa, realmente, a respeito desses estalidos e sons, Nícea.

– Ora, papai, não creio que Enzo vá se interessar, ou mesmo, acreditar nesse tipo de coisa.

– Por favor, Nícea, – pede Enzo – fale-me sobre isso. Pode ter certeza de que saberei respeitar a sua opinião mesmo que não venha a concordar com ela.

– Bem...a verdade é que tenho a sensação de que esses fenômenos possuem algum grau de inteligência.

– De inteligência?

– Sim. Às vezes, tenho a impressão de que os estalidos e sons estão querendo dizer alguma coisa. Na verdade, esses estranhos sons mais se parecem com sussurros.

– Você acredita que sejam efeitos paranormais, fruto inconsciente, talvez, de alguma mente diferenciada, ou seja, que tenha esses poderes?

– Isso mesmo. E tenho a impressão de que sou eu quem os provoca.

– E por que você pensa assim?

– Porque esses fenômenos somente ocorrem quando estou por perto, não é, papai?

– É verdade. Quando Nícea morava na capital, nada acontecia, porém, nas férias que ela passava aqui na fazenda, eles começavam a ocorrer.

– E são constantes ou, mesmo, possuem horário certo para ocorrerem?

– Nem data, nem horário, mas quase sempre à noite. Quanto à constância, uma vez a cada vinte dias, aproximadamente.

– E aquelas outras portas do andar em que estou hospedado também são de quartos?

– São. O penúltimo da esquerda é o meu – responde a moça – e o último da direita é o de papai. Os outros são para hóspedes.

– Vocês recebem muitas visitas?

– Muito raramente. Nossos parentes mais próximos, do lado de mamãe, moram no sul do país e quase nunca vêm nos visitar.

– E no outro andar, mais acima, também são quartos?

– Não. Lá existem três grandes salas: uma de jogos e mais duas que ainda não sabemos o que fazer com elas. No momento estão servindo como depósito de móveis, porque quando papai terminou a construção, comprou muitos móveis novos e tivemos que guardar os antigos lá mesmo. A propósito, papai, e a sala de jogos? Será que já consertaram aquela mesa de bilhar? Faz tempo que pedimos para Benedito providenciar. Poderíamos jogar uma partida.

– Não sei, filha. Faz muito tempo que não entro lá. Aliás, deve estar bastante empoeirada.

– Empoeirada não está. Elza tem limpado sempre, apesar de que não gosta muito daquela sala e procura não ficar lá por muito tempo. Diz que sente medo.

– Medo?! Medo de quê?! – pergunta o doutor Monteiro.

– Por causa daquele quadro.

– Ah, sim.

– Quadro? – pergunta Enzo.

– Um retrato a óleo da tetravó de papai, que nós carinhosamente chamamos de vó Merê. Na verdade, descobrimos que era esse seu apelido. Seu nome verdadeiro era Emerenciana.

– Esposa do coronel Felisbino?

– Papai já lhe falou de seu tetravô?

– Sim, mas o que assusta tanto dona Elza, nessa tela?

– Ela diz ser o olhar de vó Merê e eu concordo plenamente com ela. Foi tão bem retratado que parece acompanhar-nos os movimentos. Parece-se com uma foto quando tirada de alguém olhando para a objetiva da câmera. Deve ter sido uma mulher muito boa, pelo seu olhar carinhoso, mas, ao mesmo tempo, possui algo de muita firmeza no olhar.

– E Elza tem medo... – conclui o doutor Monteiro.

– Confesso que até eu sinto um calafrio se lá entro sozinha. Parece sempre estar querendo dizer-me alguma coisa – diz Nícea.

– Desse jeito, acredito que Enzo já deva estar desistindo de passar a noite nesta casa – comenta o fazendeiro, sorrindo. – Mas não fique impressionado, meu rapaz, pois acredito que tudo isso é porque moramos só eu e Nícea aqui e o silêncio nos faz imaginar coisas. Quanto ao quadro...

– O senhor já chegou a concordar comigo que

também não se sente muito à vontade com sua tetravó parecendo fitá-lo.

– É...você tem razão. Mas sabe o que acontece? Sinceramente, parece que conheço aquela mulher de algum lugar, como se já tivesse estado assim de frente com ela. Além do mais, ela parece possuir um olhar um tanto...digamos...altivo e matriarcal. Também tenho a sensação de que ela esteja querendo dizer-me algo.

– E por que o senhor mantém essa obra lá, se ela traz algum desconforto para vocês da casa?

– Porque é minha parenta, sou seu descendente, uma simples questão de princípios. Não vejo lógica em ficar impressionado com uma simples pintura. Sabe, Enzo, tenho procurado ser o mais lógico e racional possível em minha vida e, se assim não o fosse, não teria conseguido conquistar tudo o que tenho.

– E no sótão? Oh, desculpem-me. Penso estar sendo um pouco curioso demais.

– Pode perguntar o que quiser, Enzo, – responde Nícea – apesar de que, para falar a verdade, nem me lembro mais o que tem lá. Apenas lembro-me que é um cômodo bem grande, mas depois que voltei para cá, ainda não entrei naquele local. O que guarda lá, papai?

– Apenas coisas velhas que não usamos mais ou que imaginamos usar um dia. Apenas quinquilharias. Aliás, preciso trazer um chaveiro para abrir aquela porta e trocar a fechadura, pois a chave sumiu.

– Sumiu?

– Pois é, filha. Um dia, Benedito teve que entrar lá e não encontrou a chave. Desapareceu. Já vasculhou por todos os cantos e nada.

– O senhor precisa chamar um chaveiro, então. Agora, aqui neste andar térreo, Enzo, que depois você vai conhecer também, temos a sala de estar, esta de jantar, alguns banheiros, o escritório de papai e mais para o lado leste, a cozinha e a despensa. Saindo da casa e atravessando um caminho coberto, encontra-se a lavanderia e um depósito. Daquele lado de lá, do lado de fora, mas junto à casa e descendo por uma pequena escada, temos acesso a um grande porão, onde guardamos ferramentas e outros apetrechos de manutenção. Do lado de trás e um pouco mais afastadas, com um caminho coberto que as liga até aqui, estão as garagens. Temos, também, uma colônia e diversos depósitos da fazenda, um pouco mais afastados desta sede.

– Eu os vi quando aqui cheguei.

– Mamãe gostava de muito de ir até lá para conversar com as senhoras, esposas dos colonos. Às vezes, passava longas horas na colônia.

– Seu pai falou-me a respeito de sua mãe e de seu falecimento ocorrido há oito meses.

– Sim. Eu morava com ela na capital e até trabalhava numa empresa como psicóloga, mais por satisfação pessoal do que por necessidade financeira, pois papai nunca nos deixou faltar nada, muito pelo contrário, sempre nos mimou muito. Eu e mamãe éramos muito ligadas e já estava quase convencendo-a a voltar a morar com papai, que nunca a deixou de amar, quando ela veio a falecer, após uma cirurgia. Uma simples cirurgia, mas que o coração não suportou. Ninguém sabia que ela tinha o coração tão fraco.

– Eu sinto muito.

– Foi tudo muito rápido.

– E você? Pretende iniciar algum tipo de trabalho no campo da Psicologia? – pergunta Enzo, tentando mudar o rumo da conversa que ele tinha iniciado e arrependera-se, assim que vira os olhos de Nícea marejarem-se de lágrimas ao falar da mãe.

– Ainda não sei o que vou fazer. Por enquanto pretendo continuar por aqui, mas não vou abandonar a minha profissão totalmente. Pretendo continuar estudando e, talvez, venha a defender alguma tese.

– Acredito que sobre algum assunto ligado à Parapsicologia, pois, pelo que vejo, material não lhe falta.

– Pois é justamente o que pretendo.

– Se for possível, gostaria de manter-me informado. Sinto algum interesse por esse tipo de assunto.

– Talvez possa até me ajudar, já que é versado em Ciências.

– Se puder fazer alguma coisa, terei imenso prazer.

Enzo sente, então, uma certa satisfação com a possibilidade de manter-se ligado àquela jovem, pela qual passou a sentir-se atraído desde o momento em que a viu e continua a conversação:

– Seu pai falou-me de uma mata muito bonita que vocês preservam aqui na fazenda e de uma nascente.

– Outra coisa que você precisa conhecer. É um lugar lindo, aliás, um local de duas belezas completamente diferentes.

– Duas belezas?

– Durante o dia, a gente se sente como que se fizesse parte da natureza e onde nos sentimos pequenos diante da grandeza de suas espécies nativas; à noite, um ambiente onde, um prateado luar nos leva a um mundo cheio de mistérios em que os sons parecem nos transportar a um local quase mágico, a nos lembrar filmes de ficção científica, pois sentimo-nos como que inseridos num cenário extraterrestre.

– Com alienígenas, também? – brinca Enzo.

– Você brinca, não é? Se quer saber, já vi, também, algumas coisas bastante estranhas nesse local, à noite.

– Na mata nunca ouvi nem vi nada – diz o doutor Monteiro.

– Porque o senhor quase nunca me acompanha quando vou lá passear à noite. Muitos colonos que lá foram comigo também já viram e ouviram. Aliás, é lá que sinto mais a presença de seres que não sei definir e onde ouço sussurros e chamamentos.

– Chamamentos?

– Sim. Parece que estão sempre a atrair-me para o interior da mata.

– Preciso ir até lá com você mais vezes, minha filha.

– E o que foi que você já viu lá, Nícea?

– Na mata os fenômenos são um pouco diferentes dos daqui de casa. Como disse, aqui são sons, ruídos e alguns vultos, mas lá tem-se que prestar muita atenção, pois podemos confundi-los com o próprio som e sombras dos animais e das árvores. Mas o que mais me impressiona é o enorme paredão rochoso, muito alto, coberto de muita folhagem, principalmente samambaias e com altas árvores. Quase não se consegue ver as pedras.

– Seu pai falou-me a respeito. Qual sua altura?

– Deve ter aproximadamente uns vinte metros de altura e é em sua base que se localiza a nascente do pequeno rio que, acredito, tenha pouco mais de quatro metros de largura, não é, papai?

– É o que calculo, também.

– E o que a impressiona tanto nesse paredão?

– Não sei explicar. Ele fica localizado no final da mata e é até um pouco difícil chegar lá, a não ser que se conheça bem as trilhas, pois a vegetação é bastante fechada nesse lugar e há muitas pedras escorregadias. O seu topo é praticamente inatingível, a não ser que se dê a volta pela fazenda de seu Laerte, nosso vizinho, mas, mesmo assim, de seu lado, a mata continua e, pelo que sabemos, não há trilhas para lá se chegar. Para você ter uma idéia do tamanho de toda essa vegetação nativa, se partíssemos de cima do paredão até a sede da fazenda de seu Laerte, teríamos que caminhar aproximadamente mais uns cinco quilômetros. Seu Laerte não tem interesse nenhum nessa mata, a não ser o de conservá-la, já que se encontra amparada e protegida por lei e, ao contrário do que ocorre deste lado, essa outra fazenda, que já pertence a outro município que não o nosso, possui nascentes bem mais volumosas.

– Quer dizer que a mata continua por sobre esse paredão de vinte metros de altura – confirma Enzo.

– Sim, a mata é muito grande. São muitos alqueires de área e, como Nícea disse, a escalada nesse paredão é praticamente inatingível. Você deve ter notado quando chegou, que esta região é bastante montanhosa.

– Notei, sim, e acho isso muito bonito.

– Mas como estava dizendo – prossegue Nícea – quando me aproximo desse local, sinto a estranha sensação de estar sendo observada e uma enorme vontade de aproximar-me mais dessa parede rochosa, apesar da dificuldade para isso, pois nas margens do pequeno rio, próximas às rochas, a vegetação é muito fechada. Tenho a impressão de que estão a chamar-me de lá.

– Você ouve chamá-la? – pergunta Enzo, curioso.

– Não ouço claramente por causa do barulho da própria mata, mas percebo um chamamento dentro de todo esse som. Às vezes, chego a perceber vultos por entre as rochas.

– E nunca vão banhar-se nesse rio, próximo à nascente?

– Nunca ninguém foi até lá porque existem muitas pedras escorregadias naquele local do rio – responde Nícea.

– Na verdade, Enzo, – explica o doutor Monteiro – o que queremos, mesmo, é preservar tudo aquilo, sem a presença humana que, infelizmente, vejo como uma ameaça. Se as pessoas fossem mais responsáveis, poderíamos até transformar aquilo tudo num excelente local de lazer e descanso. Mas sei que seria difícil e praticamente impossível controlar os atos de vandalismo de alguns turistas. O local é muito bonito e, realmente, poderia ser um ponto turístico da cidade.

– É o que algumas pessoas desta cidade querem que façamos, principalmente alguns comerciantes que alegam que poderiam lucrar muito se nossa mata fosse transformada em local de lazer.

– Mas isso, de minha parte, já é questão fechada – afirma o doutor Monteiro, determinado. – Não irei aprovar nunca uma coisa dessas.

– Até concordo em parte com meu pai, mas insistem

muito com ele. Alguns chegam até a lhe implorar que aprove esse projeto, os vereadores falam nesse assunto em quase toda reunião da câmara. Papai tem sido muito pressionado ultimamente, inclusive, como já disse, por comerciantes da cidade. Por mim, até toparia a idéia e abriria uma estrada a marginar as terras de papai para que lá cheguem sem terem que atravessar a fazenda, mas não consigo convencê-lo.

– Já cansei de explicar-lhe, minha filha, que se realizássemos uma obra dessas, a cidade perderia todo o seu sossego. Tenho certeza de que muita gente para cá viria a fim de fugir da cidade grande, pois o local é muito convidativo. Mas não vejo nenhuma compensação nisso. Toda essa gente acabaria destruindo e poluindo o rio. Além do mais, você acha que a cidade ganharia muito com isso?

– Talvez, sim, papai. Afinal de contas, os comerciantes poderiam auferir maiores lucros e tantos outros tipos de serviço. Uma cidade que possua um ponto turístico ganha muito com ele.

– Menos o sossego. Além do mais, quem se responsabilizaria pela conservação do lugar? Os comerciantes?

– Isso precisaria ser estudado com calma.

– Por favor, minha filha, não falemos mais nisso. Sinto uma tristeza muito grande, com esse assunto.

– Tudo bem, papai. Não falaremos mais.

– Preocupo-me muito com isso, Enzo.

– Mas as terras são do senhor. Ninguém poderá obrigá-lo a nada.

– Sei disso, mas, ao mesmo tempo, tenho que pensar também nas pessoas, nas famílias desta cidade.

– É o que penso, papai.

Enzo, então, interrompe propositadamente a conversa, com uma pergunta, pois percebe que pai e filha poderão continuar a discutir por mais tempo, apesar de manterem uma discussão com muito respeito. Na verdade, Enzo sente-se deslumbrado pelo amor que une pai e filha.

– Quer dizer, doutor Monteiro, que o senhor nunca viu ou ouviu alguma coisa na mata...

– Não, nunca vi e nem ouvi nada, apesar de os colonos dizerem que essa mata possui uma certa magia, inclusive chegam ao exagero de falar em data.

– Data?

– Dizem alguns colonos – explica a moça – que todo o dia vinte e cinco de janeiro os sussurros se intensificam. E o mais interessante, é que papai descobriu em antigos documentos que essa é justamente a data da morte de vó Merê.

– E sem você estar lá os sussurros aumentam? – pergunta Enzo, começando a entusiasmar-se com o que ouve.

– Um dos colonos, de nome Benedito, parece provocar também estes fenômenos, porque eles ocorrem toda vez que ele se encontra por perto.

– E na capital, também acontecia esse tipo de fenômeno?

– Que eu me lembre, apenas uma vez, numa igreja. Tudo acontece, mesmo, aqui na fazenda, mais precisamente, nesta casa e na mata.

– Mas você não me disse ainda o que vê na mata.

– Por que não vamos até lá? Hoje está uma noite ótima. A lua ainda não chegou ao seu apogeu, mas já está bem próxima, pois estamos chegando ao limite do quarto crescente. Lá, talvez, eu consiga falar com mais detalhes. Vamos até lá, papai?

– Agora, filha?

– Agora. Gostaria muito que Enzo a conhecesse.

– Não se incomodem comigo, por favor.

– Eu topo, filha. Vamos, sim, mas antes vou providenciar uma caixa com refrigerantes para tomarmos. A noite está bem quente. Elza! Benedito!

– Com licença, então, Enzo – pede Nícea – Vou colocar uma roupa mais apropriada. E não se impressione com a minha discussão com papai, pois nós nos amamos muito e não será uma simples mata que irá interferir em nossas vidas.

– Tenho certeza disso, Nícea – responde Enzo, agora mais tranqüilo com as palavras da moça.

– Vista uma calça comprida e um par de botas, filha.

VI

– Quem será que está me seguindo? – pergunta-se Fortunato, olhando para o espelho retrovisor de seu automóvel, enquanto dirige em direção à fazenda do doutor Monteiro.

– Tenho que chegar, pelo menos, junto com ele – fala consigo mesmo, Dimas. – Mas quem será que está me seguindo? – pergunta-se olhando, assim como Fortunato, pelo espelho retrovisor e avistando dois faróis a uns cem metros de distância.

– Preciso alcançá-lo, mas esse Dimas é mesmo um pé pesado no acelerador! Vou piscar os faróis. Quem sabe ele olha pelo espelho e pára – exclama Gustavo, enquanto movimenta, freneticamente, o botão dos faróis, alternando a luz baixa com a luz alta.

– Por que esse maluco fica piscando para mim? Não consigo perceber de quem é o carro. Será alguém da barbearia que veio atrás de mim e quer falar-me alguma coisa? Não vou parar para ver. Tenho que chegar junto com o Fortunato!

– Droga! A porteira está fechada! – reclama Fortunato ao chegar à entrada da fazenda, freando e rapidamente saltando do veículo para abri-la, mas para sua surpresa, assim que a escancara, o veículo que o seguira passa por ele, aproveitando-se da porteira aberta, disparando em direção à sede da fazenda.

– Mas quem será? Parece o automóvel do Dimas. Mas como pude ser tão ingênuo?! Ele também está com o mesmo propósito que eu e ainda abri a porteira para ele. Que imbecil eu sou!

Rapidamente, então, Fortunato entra em seu veículo a fim de partir no encalço de Dimas, porém, assim que tenta colocá-lo em movimento, precisa frear bruscamente, pois um outro veículo passa ao seu lado, também em direção à fazenda.

– Mas o que é isso?! Esse carro é do Gustavo! Passaram-me para trás! Tenho que chegar junto deles.

E os três carros, novamente em fila, dirigem-se em desabalada carreira em direção à casa sede da fazenda, não muito longe dali, onde os três, praticamente, chegam juntos, levantando grande poeira ao frearem defronte da varanda do doutor Monteiro, um ao lado do outro.

– Mas o que está acontecendo lá fora? Benedito! Benedito! Verifique que barulheira é essa.

– Pois não, doutor Monteiro.

– Irei com você, papai – informa Nícea. – Infelizmente

teremos que adiar o nosso passeio até à mata, Enzo. Papai recebeu um telefonema avisando-nos da morte de Jorjão, um dos moradores da cidade. Tínhamos muito carinho por ele e precisamos ir até sua casa, prestar-lhe as nossas últimas homenagens e verificar as necessidades de Maria do Socorro.

– Não quer nos acompanhar, Enzo? Sei que um velório não é nada agradável, mas, pelo menos, terá a oportunidade de conhecer muitas pessoas da cidade.

– Eu vou acompanhá-los, sim.

– Então, vamos.

– Doutor Monteiro, estão aí fora o seu Dimas, o professor Fortunato e Gustavo, o açougueiro – informa Benedito.

– E o que eles querem?

– Não consegui descobrir. O professor Fortunato veio fazer-lhe uma visita. Dimas falou-me sobre uma correspondência que queria entregar ao doutor, mas pareceu-me que ele esqueceu-se da carta. Quanto a Gustavo, encontra-se um pouco nervoso, reclamando por Dimas não ter atendido aos seus faróis. Por sua vez, Fortunato acusa Dimas de quase tê-lo atropelado lá na porteira. Não consegui entendê-los.

– Pode deixar, Benedito. Falo com eles na saída. Vamos, então, minha filha? Venha, Enzo.

Saem então da casa, encontrando os três visitantes a discutirem em voz baixa.

– Boa noite, meus amigos – cumprimenta o doutor Monteiro. – Espero que não se aborreçam, mas agora, infelizmente, não poderei recebê-los. Tenho que ir até a cidade. O doutor Prado acaba de ligar-me dando a notícia da morte do jovem Jorjão.

– Jorjão morreu? – perguntam os três, quase em uníssono.

– Sim e estamos a caminho da casa de dona Maria do Socorro.

– Pois iremos todos para lá, também.

– A propósito, este é Enzo, meu hóspede por alguns dias.

– Muito prazer – cumprimentam os três.

– O senhor está de passagem por aqui? – pergunta Dimas.

– Sim...quer dizer, talvez.

– Por favor, – pede doutor Monteiro – vamos partir. Lá no velório conversaremos.

– Oh, sim. Vamos para lá – concorda Dimas, um pouco decepcionado. Mesmo assim, tenta nova tática.

– O senhor Enzo não gostaria de ir comigo em meu carro?

– Não se preocupe, Dimas. Ele irá comigo e com minha filha.

– Certo, doutor.

– Então, não percamos mais tempo.

* * *

– Desça a porta, Rodrigues, e vamos lá para a casa da Maria do Socorro. Pobrezinha, deve estar sofrendo muito.

– Vamos, sim, Clara. Já avisou a Bruna?

– Já falei, mas você conhece nossa filha...vai terminar de assistir às telenovelas, primeiro.

– Oh, meu Deus, o que vamos fazer com ela, heim, Clara? O que vamos fazer com ela?

– Agora encasquetou que quer ir para o Rio de Janeiro.

– Ela está ficando louca!

– Eu lhe disse isso, mas quando ela quer uma coisa... Ainda vamos sofrer muito...

– Mas não vai, mesmo, para o Rio!

– Ela insiste, Rodrigues. Diz que temos condições de mantê-la lá por uns tempos e que somente dessa maneira vai conseguir o que pretende.

– Ser atriz de telenovela...nossa filha endoideceu!

– E o que podemos fazer, Rodrigues? Desde os treze anos de idade que traz essa idéia fixa na cabeça e até agora conseguimos trazê-la sob nosso controle, mas cismou que, se não fizer alguma coisa já, nunca mais vai conseguir, que já está começando a passar da idade para começar.

– Sempre pensei que era só uma ilusão de menina e que um dia tudo isso iria passar, mas vejo que me enganei.

– Se ao menos tivéssemos concordado que ela fizesse um curso de arte dramática quando tinha seus dezoito anos, talvez até tivesse alguma chance hoje, mas não acreditamos nessa sua vontade e...

– E fizemos bem em não acreditar, Clara. Vamos ser sinceros: nossa filha não leva jeito para representar. Não terá a mínima chance. E o que ela pretende fazer no Rio? Ficar na porta de uma estação de televisão, implorando para fazer um teste? E se conseguir fazer esse teste? Vai sofrer uma decepção muito grande, pois não vai ser aprovada. É nossa filha, eu a amo muito, mas não podemos nos enganar e nem permitir que ela se engane.

– Você tem razão, Rodrigues. Mas o que podemos fazer? Vamos falar a ela o que pensamos? Que ela não tem condições de ser uma atriz? Ela vai nos odiar. Em primeiro lugar, por achar que estamos contra ela, contra a felicidade dela e em segundo, porque certamente não vai achar que temos condições de julgar a sua capacidade.

– Mas alguma coisa teremos que fazer.

– Vá trocar de roupa, Rodrigues, enquanto colho algumas margaridas no quintal para levar ao velório.

Rodrigues e sua esposa Clara são os proprietários da padaria de Santelmo e, assim que desce a porta de aço de seu estabelecimento, Rodrigues entra na sala de estar de sua casa, através de uma passagem por entre as prateleiras da padaria, já que o cômodo comercial é uma continuação de sua moradia. No canto esquerdo dessa sala, Bruna encontra-se sentada em uma poltrona, com os olhos fixos numa televisão. Ao seu lado, numa outra poltrona, uma pilha de revistas especializadas em notícias sobre o meio artístico.

– Você vai mais tarde, filha?

A moça apenas faz um gesto com uma das mãos, tentando interromper a fala de seu pai para que possa escutar o que os personagens da telenovela estão dizendo. Trata-se de uma jovem bonita, de vinte anos de idade, pele alva e cabelos negros, assim como os grande olhos que, fixos no aparelho, parecem absorver cada palavra e cada gesto dos personagens da telenovela.

– Mais tarde eu vou, pai – responde maquinalmente.

– Está bem, filha.

– Pai – chama, de repente, já que tem início o intervalo comercial e a telenovela é interrompida.

– Fale, filha.

– A mãe falou com o senhor?

– A respeito...? – responde Rodrigues, fingindo não lembrar-se do que a esposa lhe dissera minutos atrás.

– A respeito de eu ir para o Rio.

– Ela falou-me, Bruna.

– E então? – pergunta, olhando para o homem, com um olhar doce e rogativo.

– Não sei, filha. Tenho que pensar sobre isso.

– É minha única chance, pai. Seu eu não for até lá, como irão me descobrir?

– E você acha que tem condições de ser uma atriz, Bruna?

– Mas claro, meu pai. Sou melhor que muitas que aparecem na televisão.

– E como sabe disso?

– Porque sei. Porque tenho certeza.

– E por que tem tanta certeza? Alguém já a viu interpretando algum papel?

– Mas é justamente por isso que quero ir para o Rio, pai. Para fazer um teste. Se o diretor da telenovela achar que não levo jeito, eu volto e nunca mais falo sobre isso, mas tenho que tentar. Tenho absoluta convicção de que serei uma atriz famosa e que o senhor ainda se orgulhará muito de mim.

– Preciso pensar, Bruna. Preciso pensar.

– Pois pense, papai. Mas, por favor, pense logo.

– Está bem. Prometo pensar, mas hoje não. Estou muito chocado com a morte de Jorjão. Gostava muito daquele menino.

– Amanhã, então, sem falta.

Rodrigues retira-se para o quarto onde Clara penteia os cabelos.

– Não lhe disse, Rodrigues? Ela não vai desistir facilmente. O que vamos fazer?

– Tenho muita pena de nossa filha, Clara. Ainda vai sofrer muito.

– E nós também – confirma a esposa com lágrimas nos olhos.

* * *

– Por que demorou tanto, Dimas? Já estava ficando impaciente. A esta hora, todos já devem estar no velório.

– Tenha calma, Débora. Precisei ir até a fazenda do doutor Monteiro.

– Ah, você estava lá com ele? – pergunta a esposa de Dimas, agora entusiasmada.

– Bem, não estava lá com ele. Fui até lá para entregar-lhe uma correspondência e...

– E o doutor convidou-o a entrar em sua casa?

– Não, Débora. Na verdade, quando lá cheguei, ele já estava de saída para vir ao velório do Jorjão.

– E você nem ao menos conversou com ele?

– Não. Vou encontrá-lo logo mais na casa de Maria do Socorro.

– Nós vamos encontrá-lo, não é?

– Sim, nós vamos encontrá-lo.

– Pois procure ficar ao seu lado lá. É muito importante que todos os vejam sempre juntos. Afinal de contas, você é o maior responsável por esta cidade e pela prefeitura, depois do doutor Monteiro, não é verdade?

– Sou apenas o encarregado das finanças da Prefeitura, Débora.

– Pois, então.

– Não sou o mais importante. Sou apenas um empregado de confiança.

– Se é você quem toma conta do dinheiro da prefeitura...

– Não tomo conta, mulher. Apenas faço as contas.

– Pois é tudo a mesma coisa, Dimas. Outra coisa, você precisa começar a preocupar-se mais com a possibilidade de a fazenda ser utilizada como atração turística. Acho que deve candidatar-se para vereador de Santelmo.

– Vereador, Débora? Você ficou louca?

– Já conversamos bastante a respeito, Dimas. E quero que seja um dos vereadores mais votados. Penso que assim, talvez consiga convencer a todos a respeito de transformar nossas belezas naturais em ponto turístico da região.

– Você sabe que não tenho condições de competir com o doutor Prado, com o Juvenal da banca de jornais, com o José de Paula da farmácia, com o Carlos, que é dentista, com o Euclides, dono da loja de ferragens e nem com o Dagoberto, único barbeiro da cidade, que já faz a campanha durante todo o ano.

– Ah, mas não se preocupe, pois eu o ajudarei nessa campanha.

– Você?!

– Sim, eu. Espere para ver. Estarei ao seu lado durante os comícios e até já estou preparando o que irei falar.

– Você irá falar?!

– Lógico. Aí é que está o seu trunfo. Conscientizarei todas as senhoras desta cidade.

– Mas, Débora, conscientizar o quê? Quanto tempo faz que nem comícios praticamente não se faz mais nesta cidade. Todos votam sempre nos mesmos e, quando surgem novos eleitores, os pais combinam em quem seus filhos terão que votar para que todos esses seis elementos sejam reeleitos.

– Mas você há de convir que está na hora de isso mudar. Por que têm que ser os mesmos?

– E que diferença isso faz? Além do que, se eu for eleito, não poderei mais ser o encarregado das finanças.

– Você não acha que já está na hora de mudar de emprego?

– Mudar de emprego?

– Sim, mudar de emprego.

– E o que farei?

– Também isso já planejei.

– Planejou?

– Claro. Até já falei com papai.

– Seu pai? O que falou com seu pai?

– Ele irá montar um negócio aqui nesta cidade, para você administrar.

– Eu não quero negócios com seu pai e você sabe disso.

– Ora, Dimas, deixe de ser orgulhoso.

– Não é orgulho, Débora. Você sabe que não combino com o velho.

– Mas ele gosta muito de você, sabe?

– Gosta de controlar-me, isso sim. Mas apenas para matar minha curiosidade, que tipo de negócio você está planejando com seu pai?

– Vamos construir um grande restaurante.

– Um restaurante?!

– Sim, um restaurante. E por que não? Está na hora de Santelmo ter o seu restaurante.

– Você endoideceu, Débora. Quem irá querer ir a um restaurante aqui em Santelmo?

– Muita gente, meu querido. Muita gente. Principalmente quando transformarmos esta cidade em um dos mais famosos pólos turísticos do estado.

– Meu Deus! Como vou fazer para você desistir dessa idéia maluca?

– Não vai ser fácil, Dimas, aliás vai ser impossível.

– Não acredito...

– Papai, mamãe!

– Estamos aqui na sala, Fabinho. O que você quer?

– É verdade que o Jorjão foi para o Céu? Foi a tia

Glória quem disse – pergunta um menino de pouco mais de sete anos que entra correndo na sala de estar.

– Tenho plena certeza disso, meu filho. Ele era muito bom e sofreu muito – responde Débora.

– Papai também vai para o Céu, meu filho. Agora, mais do que nunca – complementa Dimas, ironicamente, olhando de soslaio para a esposa.

VII

– Esta senhora é dona Maria do Socorro, mãe do Jorjão, Enzo.

– Meus pêsames, minha senhora.

– Obrigada, senhor Enzo, e obrigada por ter vindo, doutor Monteiro e, principalmente, por tudo o que fez pelo meu filho. Afinal de contas, pagou todas as despesas com o seu tratamento e sei que foram muitas.

– Nada tem a me agradecer, dona Maria do Socorro. Fiz, apenas, a minha obrigação, como cidadão e como cristão.

A senhora e o fazendeiro aproximam-se, então, do caixão mortuário. Enzo os acompanha e sente grande tristeza em ver o cadáver daquele jovem que teve a vida ceifada pela morte com tão pouca idade.

– Tão moço, não, doutor Monteiro? Um menino tão bom, trabalhador, sempre me ajudando – lamenta-se dona Maria do Socorro.

– Não se desespere, Maria, Deus sabe o que faz.

– Hoje tive dúvidas disso.

– Fale com padre Francisco. Ele saberá como confortá-la. E quanto ao seu sustento, se encontrar alguma dificuldade, venha depois falar comigo. A senhora não ficará desamparada. Seu falecido marido foi um grande amigo meu.

– Deus lhe pague, doutor Monteiro. Deus lhe pague.

Enzo fica impressionado com o carinho com que o fazendeiro se dirigiu à pobre mulher e por saber que ele havia amparado o rapaz em sua doença. – Este homem deve ser muito bom – pensa, enquanto permanecem por alguns minutos ao lado do corpo de Jorjão.

– Venha, Enzo, vamos lá para fora um pouco – convida doutor Monteiro. – Gostaria de apresentá-lo a algumas pessoas da cidade. Com sua licença, dona Maria do Socorro. Vamos sair um pouco. Seu filho era muito querido nesta cidade e percebo que já está se formando uma fila atrás de nós. Todos querem prestar sua última homenagem a Jorjão. A propósito, a que horas se dará o sepultamento?

– Amanhã, às dez horas, doutor Monteiro.

– Se precisar de alguma coisa, estaremos lá na calçada. Eu e minha filha nos revezaremos durante a noite no velamento de seu filho.

– Mais uma vez, Deus lhe pague e ilumine a sua vida.

Dizendo isso, dona Maria do Socorro faz menção de beijar as mãos do fazendeiro o que lhe é imediatamente impedido por este que, abraçando a precocemente envelhecida senhora, acaricia-lhe a cabeça.

– Que Deus a ilumine também. Vamos, Enzo.

Realmente, a sala de dona Maria do Socorro é bastante pequena para abrigar a todos que para lá se dirigem a fim de levar as suas condolências à pobre senhora e prestar as últimas homenagens ao seu filho. Por esse motivo, as senhoras permanecem no interior da casa, enquanto os homens reúnem-se na calçada defronte da casa a conversarem sobre os mais diversos assuntos. Quando o doutor Monteiro se aproxima, todos interrompem a conversação a fim de cumprimentarem-no. Enzo é, então, apresentado a todos que ali se encontram e, os outros que ali chegam, não entram no velório sem antes dar a mão ao fazendeiro como forma de cumprimento e respeito. Mais uma vez, Enzo fica admirado com o carinho com que o fazendeiro é tratado pela pequena população de Santelmo, cidade com cerca de apenas vinte mil habitantes.

– Esta cidade, Enzo, apesar de pequena e sem muitos atrativos ou, se preferir, com singelos atrativos, possui uma característica muito importante que é a da solidariedade.

– É o que estou percebendo.

– Isso não significa que não possua os problemas naturais existentes em qualquer outra cidade, aliás, muito pelo contrário, pois só pelo fato de possuir poucos habitantes, faz com que os seus moradores convivam mais uns com os outros o que, evidentemente concorre para um maior número de complicações e desentendimentos.

– Principalmente entre as mulheres – complementa Juvenal, sorrindo matreiro.

– Também entre os homens, Juvenal, mas penso que você tem razão. A mulher, apesar de toda a sua característica feminina e, logicamente, mais delicada, mais facilmente deixa-se envolver pelas emoções.

– E com uma característica toda especial – comenta Dimas, que acabara de juntar-se ao grupo – querem determinar o destino de seus maridos.

Todos riem.

– Mas, por favor, Enzo, não se assuste. Tenho absoluta certeza de que se você está mesmo procurando um local tranqüilo para viver, veio ao lugar certo. Santelmo é a localidade mais calma e apática deste país.

– Quando todos estão dormindo – arremata padre Francisco que acabara de chegar e apanhara o fim da conversa dos homens.

– Boa noite, padre – cumprimentam todos.

– Junte-se a nós, seu rebanho – brinca Dagoberto.

– Está certo que um rebanho um tanto desgarrado – arrisca-se a brincar o tímido Macedo que, além de funcionário do correio, faz as vezes de coroinha nas missas de domingo.

– Ainda vou conseguir arrebanhar a todos, – diz rindo o padre – nem que para isso tenha que pedir ajuda ao Exército.

A risada é geral.

– Por favor, silêncio – pede o pároco, enquanto entra na casa – Estamos num velório.

– Estou começando a achar que acabarei ficando por aqui – diz Enzo, sorrindo.

– Tenho certeza de que irá gostar. Amanhã, à tarde eu o trarei para conhecer a cidade. Como pode perceber, ela não é grande, apesar de ser um pouco espalhada, mas tudo gira em torno do seu centro que possui uma praça com a igreja matriz e um coreto onde, aos domingos, um grande número de moradores para lá se dirige a fim de ouvir algumas retretas executadas pela nossa banda. E é em torno dessa praça que o comércio se concentra e que as coisas realmente acontecem. Lá temos a barbearia do Dagoberto, a farmácia do José de Paula, o Banco do qual o Ariovaldo aqui é o gerente, a loja de armarinhos do Farias, a padaria do Rodrigues, o açougue do Gustavo, o posto de gasolina do João, a loja de ferragens do Euclides e o famoso Bar do Balim, de propriedade do Téo. Do outro lado da Igreja, temos a Prefeitura. Também se localiza em redor da praça, a casa do Dimas, o encarregado das finanças da prefeitura, a residência do doutor Prado, o nosso médico e a do Fortunato, diretor de nossa escola pública. Os outros estabelecimentos, tais como a oficina mecânica do Genaro, a fábrica têxtil do Alonso, que propicia também muitos empregos, estão localizadas numa rua paralela, atrás da prefeitura. Aliás, Alonso é o vice-prefeito de Santelmo e muito tem ajudado na administração. Do lado esquerdo da praça, a uma quadra de distância, localiza-se o armazém de dona Aurora que hospeda a professora Berenice. Enfim, com o tempo, conhecerá a todos.

Conforme doutor Monteiro vai falando sobre as figuras mais representativas da cidade, aquele que se encontra presente na roda de amigos, meneia a cabeça, identificando-se.

– E aqui temos o mestre Doca – anuncia Ario-valdo.

– Muito prazer, professor – cumprimenta o ve-lhote.

– Mestre Doca é o grande campeão de bocha da cidade e da região.

– E você precisa conhecer o Zé da Graxa.

– O Zé ainda não veio? – pergunta o fazendeiro, bastante entusiasmado com as apresentações. Sempre vivera naquela localidade, desde que nasceu e aprendera a amar tudo aquilo com muito carinho.

– Ele virá – responde Gustavo. – Deve estar concentrado em algum livro novo.

– É o filósofo da cidade – complementa Rodrigues – O professor irá gostar dele.

– Quem é Zé da Graxa? – pergunta Enzo, curioso.

– Zé da Graxa é a figura mais pitoresca de Santelmo. É órfão de pai e mãe e vive de uma pensão que o pai lhe deixou. Faz, também, alguns biscates, além de engraxar sapatos, por isso, o seu apelido. E é bom se ressaltar que, apesar da alcunha, trata-se de um jovem bastante asseado, inclusive em sua maneira de se vestir.

– E de excepcional ele também não tem nada, não, – comenta Ariovaldo – pelo menos no que diz respeito à inteligência, porque Zé da Graxa é inteligente até demais, aliás, acima da normalidade. Q.I. acima do normal.

– Isso é verdade. Apesar de ter cursado apenas dois anos do curso primário, ele consegue entender e desenvolver os assuntos mais variados e difíceis, de temas científicos a filosóficos – acrescenta Dimas.

– E quantos anos ele tem? – pergunta Enzo.

– Acredito que conte hoje com uns vinte anos de idade.

– E ele não tem intenção de continuar os estudos?

– Muitos já o aconselharam, mas ele não se mostra muito interessado. Vez ou outra, vai até a escola e assiste alguma aula do curso ginasial, com a unânime autorização dos professores, que gostam muito dele.

– Ele já está com o conhecimento bem acima desse nível.

– E como ele adquire livros para ler?

– O doutor Prado os empresta de sua extensa biblioteca, assim como revistas científicas e médicas que ele assina.

– Certa feita – comenta José de Paula, o farmacêutico – fiquei muito impressionado com os conhecimentos que possui a respeito da constituição dos átomos e das suas camadas de valência. Sabe quase tudo a respeito do eletromagnetismo e das ondas eletromagnéticas.

– Zé da Graxa é muito inteligente – fala, por sua vez, Dagoberto – e suas conclusões e análises sobre os mais difíceis temas vêm sempre revestidos de muita lógica. Hoje, mesmo, falou-nos a respeito de Deus e, não fôssemos interrompidos pela notícia da morte de Jorjão, ele certamente nos convenceria a respeito da reencarnação.

– Reencarnação?

– Sim. Estávamos tecendo comentários a respeito da doença de Jorjão, mais precisamente sobre a justiça de Deus nesses casos e, sinceramente, Zé da Graxa surpreendeu-me com suas idéias. Ainda pretendo conversar mais com ele a respeito disso.

– Verdade, mesmo – confirma mestre Doca. – Fale para o professor Enzo tudo o que ele disse a respeito da reencarnação, Dagoberto.

– Bem...não sei se o professor deseja ouvir.

– Gostaria muito. Aliás, estou muito curioso a respeito desse rapaz.

E Dagoberto repete a Enzo tudo o que Zé da Graxa havia lhes falado naquela tarde.

– Devo confessar que tudo isso parece pleno de lógica. Ele deve ser espírita, mesmo – comenta Enzo.

– Pelo menos já vi em sua casa toda a coleção dos livros de Allan Kardec, que dizem ter sido o codificador dessa doutrina e algumas outras obras psicografadas pelo médium Francisco Cândido Xavier. Disse-me ele ter ganho de um viajante que por aqui passou e que, conhecendo o seu interesse nesse assunto, enviou-as todas pelo correio.

– Você precisa conhecê-lo, Enzo – diz o doutor Monteiro. – Talvez possa convencê-lo a voltar a estudar.

– Pode ser.

– Por essa sua resposta, parece-me ver uma grande possibilidade de você aceitar as aulas nesta cidade.

– Vou ficar, sim – resolve Enzo, de abrupto.

– Mas que ótimo! – vibra o doutor Monteiro. – E o que é preciso fazer para acertar esse assunto?

– Basta que eu assine alguns papéis que trouxe comigo e os remeta à secretaria de ensino.

– Pois pode ficar tranqüilo que, assim que os assinar, mandarei que um de meus funcionários cuide dessa entrega pessoalmente.

– Amanhã, mesmo, doutor Monteiro. Amanhã, mesmo.

VIII

– Mais depressa, Paulo! Mais depressa ou Doroty vai dar à luz aqui na estrada.

– Já estamos chegando. Só mais alguns quilômetros.

– Como está, querida? Agüente firme. Tudo vai dar certo.

O carro, em alta velocidade, ultrapassa buzinando o único caminhão que se encontra na pista àquela hora da noite.

– Louco! – grita o motorista do caminhão ao ver o veículo ultrapassá-lo em local não apropriado, logo antes de uma perigosa curva.

– Mais depressa, Paulo! Mais depressa! – repete Bernardo, marido de Doroty. Esta está quase a desfalecer pelas dores das contrações. O parto parece iminente.

– Olhe, ali na frente! É a entrada de Santelmo.

– Precisamos ir direto para o hospital. Você sabe onde fica?

– Vai ser fácil encontrá-lo. A cidade é pequena, cerca de vinte mil habitantes.

– Já estamos chegando? – pergunta Doroty, num sussurro. – Acho que vai nascer...

– Agüente firme, mulher. Agüente firme.

– Veja, Bernardo! É logo ali – diz Paulo, quase gritando, assim que entram em Santelmo. – É o hospital!

E o motorista do veículo sobe com o carro em cima da calçada, buzinando ininterruptamente, defronte da entrada do pequeno prédio onde se lê “Santa Casa de Santelmo” num letreiro luminoso. Um rapaz, com roupas brancas, sai detrás de uma mesa e corre em direção ao carro.

– O que aconteceu?

– Minha mulher vai dar à luz! – explica Bernardo, esbaforido e assustado.

– Esperem, vou buscar uma maca.

– Chame um médico!

– Alzira! Alzira! Ajude-me aqui! – brada o enfermeiro, voltando logo em seguida com uma maca, por sobre a qual deitam a parturiente.

– Tudo vai dar certo, meu bem. Tudo vai dar certo – tranqüiliza-o, a esposa.

– E o médico?

– Já foram chamar. Ele está próximo daqui, num velório.

* * *

– O que era, doutor Prado? Alguma urgência?

– Apenas mais um parto e aproveitei para visitar alguns pacientes meus, internados – responde o médico, após retornar ao velório por volta das duas horas da madrugada.

– Quem deu à luz? – pergunta Dagoberto.

– Uma senhora de nome Doroty. Estava com o marido e mais um homem. Parece que estavam de viagem quando começou a sentir fortes contrações. Aí, entraram em Santelmo.

– Mas que imprudência uma mulher viajar nessas condições!

– Eles fazem parte de um grupo de artistas de um circo-teatro ambulante. O pai da criança chama-se Bernardo e é o proprietário desse mambembe.

– Que vida devem levar esses artistas...

– O mundo é o lar deles.

– E a senhora e a criança estão bem? – pergunta Dimas.

– Estão muito bem. Ela teve um menino.

– Um parte e outro chega – comenta Ariovaldo,

apontando com um movimento da cabeça para a casa de dona Maria do Socorro, fazendo alusão à morte de Jorjão.

– É a vida, meu amigo. É a vida.

– E onde está o doutor Monteiro?

– Foi descansar um pouco. Disse-nos que voltará por volta das cinco horas. Nícea, sua filha, está lá dentro.

– E o professor?

– Foi com ele. Devia estar muito cansado, pois veio dirigindo desde a capital.

– Uma grande distância...

As horas passam lentamente e as pessoas revezam-se entre o velório e o descanso de algumas poucas horas em seus lares. Porém, quando já são cinco horas da manhã, quase todos aglomeram-se novamente defronte da casa. É quando chegam o doutor Monteiro e Enzo. Nícea, por sua vez, não quis voltar para a fazenda, mantendo-se junto a dona Maria do Socorro. O sol ainda não se fez no horizonte naquele horário e agradável temperatura permanece. E é nesse momento que estridente som vem quebrar o silêncio da cidade.

– Mas o que é isso? – pergunta, sobressaltado, o doutor Monteiro.

– Parecem buzinas.

– Buzinas?

– E devem estar vindo do trevo de entrada da cidade.

– Mas que algazarra!

– Já imagino o que possa ser – comenta o doutor Prado.

– E o que pode ser? – pergunta, por sua vez, Enzo.

– Ontem à noite, perto de onze horas, fiz o parto de uma senhora que pertence a um grupo teatral.

– Grupo teatral?

– Sim. Ela chegou no hospital de carro com o marido e um amigo, e informaram-me que pertenciam a uma dessas companhias teatrais, um circo-teatro. Um mambembe. E, agora, devem ter chegado os outros.

– Mas é muito cedo para fazerem toda essa algazarra! – reclama Carlos, o dentista.

– Devem estar comemorando o nascimento da criança, pois o homem que estava junto com o casal havia voltado para encontrar-se com eles e dar-lhes a notícia – explica doutor Prado.

– Se esse barulho for para a frente do hospital, irei até lá e os prenderei! – promete o delegado Getúlio.

– Acho que estão parados na entrada da cidade.

– Vejam! – grita Fortunato, apontando para o céu, ao longe.

Todos olham para essa direção, onde fogos de artifício espocam ruidosamente, lançando fagulhas multicoloridas a iluminar o negrume do firmamento. As pessoas que se encontram dentro da casa saem para fora e é dona Maria do Socorro quem, da janela, fala comovida:

– Não sei o porquê disso, mas sinto como se fosse uma festa no Céu pela chegada de meu querido filho.

– Uma criança nasceu no hospital, dona Maria do Socorro! – informa Beatriz, esposa do doutor Prado.

– Que Deus a abençoe. Nasceu no dia da partida do meu filho. Essa criança nasceu para a Terra e a minha nasceu para o Céu.

– A mãe é uma moça de uma companhia teatral e são eles que estão comemorando lá da entrada da cidade.

– Companhia teatral ou da televisão?! – pergunta, entusiasmada, Bruna.

– O doutor Prado disse que são de um circo-teatro ambulante. Um mambembe.

– Não foram eles que apareceram naquela reportagem sobre circos a semana passada na televisão?

– Não sei, minha filha – responde dona Clara, sem deixar de perceber o intenso brilho nos olhos da moça.

– Vou até lá, certificar-me.

– Sozinha não, filha.

– A senhora vem comigo?

– Seu pai não vai gostar, Bruna.

– Por favor, mamãe. Por favor.

Dona Clara não consegue negar esse angustiante pedido da filha e resolve ir com ela, às escondidas do marido.

– Está bem, Bruna. Vamos aproveitar que seu pai está lá na padaria. Vamos pela rua de cima.

E as duas, mãe e filha, disfarçadamente, afastam-se da pequena multidão que se formou defronte da casa de dona Maria do Socorro.

– Muito emocionante essa comemoração – comenta doutor Monteiro com Enzo. – Gostei muito. Isso vem mostrar o sentimento de união e fraternidade que essas pessoas têm em seus corações.

– A vida deles não deve ser muito fácil, não. Sempre viajando, sem um lar fixo – diz Enzo, também emocionado.

– As dificuldades e o sofrimento unem os homens no amor, Enzo.

* * *

– Veja, mamãe, eles estão vindo para a cidade – fala Bruna ao avistar ao longe que várias conduções, inclusive dois caminhões, com luminosos nas laterais, estão, com os faróis acesos, lentamente vindo em direção à parte central da cidade. Não estão mais buzinando nem soltando fogos de artifício.

– Vamos esperar aqui, filha – pede dona Clara - puxando a filha pelo braço e escondendo-se num dos cantos externos da Igreja.

– Se ao menos pudesse ler o que está escrito no lado dos caminhões...deve ser o nome da companhia.

– Vamos esperar que cheguem mais perto, Bruna, e por favor, vamos ter cuidado. Seu pai não pode nos ver.

– Estou quase conseguindo ler, mamãe...meu Deus! São eles! São eles!

– Eles quem?

– Os que apareceram na reportagem da televisão. E Luiz Ricardo é um dos atores!

– Luiz Ricardo? Quem é Luiz Ricardo?

– Luiz Ricardo, mamãe! Você não se lembra? Luiz Ricardo foi quem fez o papel de investigador na última telenovela das seis.

– Não me lembro, Bruna. Aliás, assisto muito pouco televisão.

– Luiz Ricardo, mamãe! Ele, além de ter participado dessa novela, é também ator dessa companhia que percorre o país.

– Mas você não disse que ele trabalha em telenovela? Como pode ficar viajando?

– Os atores não participam de todas as telenovelas.

– Ele fez o papel principal?

– Não, mas tenho certeza de que logo, logo, irão convidá-lo. Ele trabalhou muito bem. É um grande ator. É assim que começa, mamãe. Preciso falar com ele, mostrar o meu talento.

– Você acha que ele pode ajudá-la?

– Pois tenho absoluta certeza. A senhora nunca ouviu falar de intuição? Pois estou sentindo que a minha hora finalmente chegou. Mas será que vão fazer alguma apresentação aqui em Santelmo?

– Não sei, minha filha. Mas só lhe peço uma coisa.

– O quê, mamãe?

– Que tome muito cuidado para não se decepcionar, para não se machucar.

– Fique tranqüila, dona Clara. Sei cuidar-me.

– Assim espero.

– Venha, mamãe, vamos encontrá-los. Tenho que vê-lo.

– Vamos esperar que cheguem mais perto.

– Estou ansiosa.

– E se for, mesmo, esse tal ator que você falou? O que vai fazer?

– Vou falar com ele.

– Mas o que vai dizer?

– Ainda não sei. Talvez um contato, um endereço.

– Olhe. Estão indo em direção ao hospital.

– Vamos até lá.

– Ei, espere, não precisa correr.

Quando chegam perto dos veículos, dona Clara sente um grande receio pelo destino da filha. Realmente, parece tratar-se de verdadeiros artistas, levando-se em conta os quatro automóveis de boa aparência e, principalmente, os dois caminhões com as carrocerias de metal, como duas grandes caixas e os letreiros em gás neônio. Nesse momento, os ocupantes dos veículos descem e dirigem-se à portaria do hospital onde Bernardo os aguarda e recebe os cumprimentos. E quando um dos rapazes aproxima-se dele, Bruna não consegue conter-se:

– É ele, mamãe! Eu não lhe disse?! É Luiz Ricardo! É Luiz Ricardo! Vou até lá!

– Espere, filha, espere.

Porém, dona Clara não consegue conter a moça, que dispara em direção ao moço.

– Luiz Ricardo! É você?! – pergunta, agarrada a um dos braços do rapaz, disparando uma torrente de frases. – Meu nome é Bruna e sou moradora aqui de Santelmo. Foi você quem fez o papel do investigador na novela das seis, não foi?! Assisti a todos os capítulos. Sabe, sinto muita vontade de ser atriz de telenovela e gostaria de conversar com você sobre isso para que me oriente e me aconselhe. Preciso que me diga o que devo fazer. Acha que devo fazer um teste?

– Calma, moça, calma – pede o ator. – Não posso responder a todas essas suas perguntas, assim, de chofre.

– Preciso muito que me ajude.

– Tudo bem, mas tenha calma – pede Luiz Ricardo, impressionado com a ansiedade de Bruna.

– Talvez você vá ter bastante tempo para conversar com ele, mocinha, – diz Bernardo que a tudo ouvira – pois tenho a intenção de promover um espetáculo aqui nesta cidade. Gostaria de homenagear esta terra onde meu filho nasceu. Como é, mesmo, o nome desta cidade?

– Santelmo – responde Bruna, ainda agarrada ao braço do rapaz.

– O senhor está falando sério? – pergunta Luiz Ricardo.

– Sim, mas vai depender do prefeito da cidade.

– Será que vai dar certo? – pergunta novamente o

rapaz, preocupado com a parte financeira. – Será que vai dar público?

– Vai, sim – adianta-se Bruna – e, se quiserem, poderei ajudá-los com a venda dos ingressos. Podem ter certeza de que terão um bom público.

– Tudo bem – resolve Bernardo. – Amanhã mesmo irei falar com o Prefeito.

– E por que não lhe fala agora? Ele está aqui perto, num velório.

– Penso ser melhor amanhã. Não gostaria de incomodá-lo numa ocasião desta.

– Se quiser, eu mesma falo com ele esta noite e lhe trago uma resposta daqui a pouco.

– Minha filha, vamos embora – pede dona Clara que, aproximando-se naquele momento, ouve suas últimas palavras.

– Um momento só, mamãe. E daí, o senhor quer que eu fale com ele?

– Acho melhor eu falar. É necessário que ele nos arrume um terreno apropriado para montarmos a lona do circo que é onde fazemos a encenação de nossa peça. A propósito, onde poderemos ser hospedados? Esta cidade possui hotéis?

– Não – responde, preocupada.

– Tudo bem, esta noite dormiremos nas conduções

e, se o Prefeito nos autorizar, armaremos nossas acomodações num terreno que ele nos ceder para realizarmos as apresentações.

– De qualquer forma, aconselharia que o senhor o procurasse na saída do cemitério às dez horas da manhã, logo depois do sepultamento. Mais tarde, talvez não o encontre. Ele é um homem muito ocupado.

– Vamos, Bruna. Vamos – pede dona Clara.

– Amanhã mesmo gostaria de conversar com você, Luiz Ricardo. Pode ser?

– Tudo bem. Vamos fazer o seguinte: assim que o prefeito nos autorizar a montar o espetáculo, você pode procurar-me.

– Muito obrigado, mas muito obrigado, mesmo!

– Vamos, minha filha, vamos embora – pede dona Clara, com veemência.

Com muito custo consegue convencer Bruna a ir embora dali.

– Você ficou louca, Bruna, oferecendo-se para falar com o doutor Monteiro? Seu pai iria ficar sabendo que viemos até aqui. Já estou arrependida de ter vindo.

– Talvez seja essa a chance que eu esperava, mamãe.

– Deixe de ilusões, filha. O que você acha que esse

rapaz vai poder fazer por você? Ele apenas fez um pequeno papel na telenovela.

– Sinto uma intuição muito forte, mamãe.

– Minha filha...pare com essa idéia maluca...

– Mamãe, por favor!

– Vamos para casa, Bruna.

IX

– E, então, Enzo, resolveu ficar conosco por mais algum tempo, até papai reformar a casa na cidade?

– Agradeço muito, Nícea, mas devo conversar com dona Aurora e ver a possibilidade de transferir-me para lá.

– Gostaria muito que permanecesse aqui, Enzo – pede o doutor Monteiro. Nesse momento, estão sentados à mesa, conversando e tomando um café, após o almoço.

– Não quero incomodá-los mais. Já fizeram até demais por mim e nem sei como poderei retribuir-lhes um dia.

– Nós é que agradecemos pela sua decisão de aqui ficar como professor. A propósito, tenho um presente para você – diz o doutor Monteiro.

– Um presente?

– Sim. Vai encontrá-lo em seu quarto.

– Mas...por quê? Não mereço nenhum presente.

O doutor Monteiro e a filha entreolham-se sorrindo.

– E não aceito recusa – afirma, categoricamente, e com fingida autoridade o fazendeiro, num tom brincalhão.

– Não sei se vai gostar, – diz Nícea – pois parece-me mais um presente de grego.

– Presente de grego? Não estou entendendo.

– Você não disse que estava com a intenção de escrever um livro?

– Sim...

– Acho que papai, ao presenteá-lo, pretendeu aprisioná-lo a essa sua intenção.

– Continuo a não entender e sinto-me muito curioso.

– Vamos até lá – convida a moça, levantando-se , no que é imitada pelo pai e por Enzo.

– Vamos, então.

* * *

– Meu Deus, não posso aceitar.

– E por que não, Enzo? É de coração. Apenas endosso o que Nícea lhe disse: pode ser um presente de grego porque você agora não poderá furtar-se de escrever.

– Eu não acredito...um microcomputador...? E com impressora e tudo...?

– E quando você mudar-se para a casa na cidade

deverá levá-lo consigo. Como lhe disse, é um presente. E este é um dos motivos porque deverá permanecer aqui até a reforma da casa, pois penso que não deverá ter espaço suficiente na casa de dona Aurora.

– Desculpem-me, mas encontro-me sem palavras.

– Pois trate de encontrá-las para poder escrever o seu livro.

– Mas não precisa ter pressa, não, Enzo. Comece quando quiser e, se necessitar de auxílio para entender algumas das funções do aparelho, é só chamar Pedrinho, que trabalha no escritório da fazenda. Ele o auxiliará.

Enzo olha para os dois, retorna o olhar para o aparelho e meneia a cabeça num nítido sinal de quem não se conforma com o que está lhe acontecendo. Na verdade, o que não sabe, é que Nícea enlevou-se por ele desde a primeira vez que o viu e o pai, percebendo isso e simpatizando-se muito com ele, decidiu atender a um pedido da filha para que o presenteasse. Aliás, essa seria uma maneira de fazê-lo permanecer na fazenda. Doutor Monteiro, por sua vez, imaginava que, talvez, esse moço conseguisse fazer com que a filha querida permanecesse em Santelmo, pois sentia muito medo que Nícea resolvesse retornar para a capital.

– Bem, mais uma vez, muito obrigado.

– Você merece, Enzo – diz Nícea, aproximando-se do rapaz, pousando carinhosamente a mão em suas costas.

– Agora, como já disse, vou ter que escrever, mesmo.

– Bem, minha filha, vamos descer. Acredito que Enzo queira tirar uma sesta após o almoço.

– Não, não, sinto-me bastante desperto. O senhor é quem deve estar com sono, doutor Monteiro. Pareceu-me não ter dormido bem a noite passada.

– Eu?!

– Sim. Ouvi-o por diversas vezes andando pelo corredor.

– Ouviu-me andando pelo corredor?

– Bem, não sei se era o senhor ou alguma das empregadas; eram leves sons de passos a caminhar pelo corredor, por várias vezes seguidas. Parecia o som de um par de chinelos.

– Foi o senhor, papai?

– Eu não. Não me levantei a não ser quando acordei Enzo para voltarmos ao velório.

– Não poderiam ser passos da Elza?

– Não. Elza dorme no andar debaixo, perto da cozinha e nunca sobe até aqui após termos nos recolhido. Mas você tem certeza de ter ouvido passos, Enzo?

– Certeza absoluta. Somente não saí de meu quarto porque achei que seria uma grande indiscrição de minha parte, mas confesso que cheguei a aproximar-me bastante da porta para ouvir melhor e tenho absoluta certeza: eram passos de alguém que calçava chinelos.

– Com licença, dona Nícea – pede Elza, à porta do quarto, trazendo nos braços algumas toalhas, já lavadas e passadas.

– Pode entrar, Elza.

– Com licença – diz, dirigindo-se ao banheiro.

– Elza.

– Pois não, senhora.

– Diga-me uma coisa: por acaso, ontem à noite...

– De madrugada – corrige Enzo.

– ...de madrugada, você veio ter até este corredor?

– Não, dona Nícea, não estive aqui.

– Você tem certeza? – pergunta doutor Monteiro.

– Certeza absoluta, doutor Monteiro. Por que haveria de subir até aqui? Dormi a noite toda até hoje de manhã e somente vim aqui em cima depois para arrumar os quartos.

– E ninguém mais poderia ter subido?

– Tenho certeza que não, dona Nícea. As portas estavam todas fechadas. Eu mesma verifiquei antes de dormir. Por quê? Aconteceu alguma coisa?

– Não, não precisa se preocupar.

– Desculpe-me perguntar, dona Nícea, mas, por acaso, alguém ouviu passos pela casa?

– Eu ouvi – declara Enzo.

– Como se tivesse alguém a andar de chinelos?

– Isso mesmo, dona Elza. Por quê? A senhora também os ouviu?

– Há três noites, de madrugada. Acordei com o ruído desses passos e levantei-me pensando ser dona Nícea, mas não havia ninguém. Percorri toda a casa e voltei depressa para o meu quarto, onde fiz uma oração pedindo a proteção de Jesus. Fiquei com muito medo. Aliás, já ouvi esses passos outras vezes.

– E você tem idéia de quem poderia ter sido?

– Sim, mas não gosto de falar.

– E por quê?

– Porque ririam de mim.

– Ninguém vai rir de você, Elza – promete o doutor Monteiro. – Pode falar.

– Bem...eu penso...quer dizer...imagino...

– Fale, Elza. Quem você acha que fica a andar pela casa de chinelos?

– Dona Merê – responde a empregada quase num sussurro.

– Dona Merê?! – pergunta Nícea.

– A do retrato.

– Oh, sim, a do retrato – diz doutor Monteiro, com um riso no canto da boca – Dona Merê. Será que ela desce da moldura e vem andar pela casa?

– Eu disse que zombariam de mim.

– Não, não. Não estamos zombando de você, não, Elza. Apenas não consigo entender como ela pode sair do retrato e andar pela casa e, além do mais, por que dona Merê? Não poderia ser outra pessoa?

– Eu tenho certeza.

– Mas como?

– O seu Espírito.

– Seu Espírito?

– Sim, seu Espírito. Ou o doutor pensa que a morte acaba com tudo?

– Ora, Elza. Você não está querendo me dizer que o Espírito de vó Merê anda passeando de chinelos pela casa.

– Posso ver o quadro? – pergunta Enzo.

– É lógico – responde Nícea, prontamente. – Vamos até lá.

– Vou voltar ao meu trabalho – diz Elza.

Os três saem do quarto de Enzo e caminham até o fim do corredor onde sobem por uma escada até o andar imediato. Do lado direito do corredor, mesmo lado do quarto onde Enzo se hospeda, há duas portas e do lado esquerdo, apenas uma, um pouco maior que as outras. É o salão de jogos. Doutor Monteiro abre-a e entra, seguido por Enzo e Nícea. Acende algumas luzes e, em seguida, abre uma das janelas para que entre a luz solar.

– Apresento-lhe vó Merê – diz Nícea, apontando para um quadro que se encontra fixado numa das paredes, mais precisamente, à direita de quem entra no cômodo. Enzo aproxima-se do retrato.

– Vocês têm razão. Parece uma senhora bastante aristocrática, acostumada a dar ordens e deve ter sido muito bonita quando jovem. Mas possui também um quê de bondade no olhar. Têm idéia da época em que este retrato foi pintado?

– Mil, oitocentos e sessenta e quatro é o ano que está gravado na tela pelo lado de trás.

– Realmente, é de um realismo impressionante. Parece uma foto.

A sala possui ao centro uma mesa de bilhar; mais ao lado, uma de xadrez e algumas outras redondas que deveriam ser para o jogo de cartas. Na outra parede, três alvos para o jogo de dardos, bem ao lado de uma grande lareira e, na parede defronte das janelas, dois suportes de tacos de bilhar, um de dardos e, logo abaixo, um rústico bar.

– Muito aconchegante esta sala de jogos.

– O que está faltando são os jogadores – brinca doutor Monteiro.

– Vamos descer? – pede, de repente, Nícea, com o olhar preso ao quadro.

– Vamos, sim, filha. Deixe-me fechar a janela.

O fazendeiro, então, fecha a janela, puxa a cortina e já está para fechar a porta, assim que Enzo e Nícea saem da sala, quando ouvem um som surdo dentro da sala.

– O que foi isso? – pergunta, abrindo novamente a porta e olhando para o interior.

– Também ouvi um ruído estranho– diz Enzo.

– Acenda a luz, papai – pede Nícea, entrando na sala, seguida por Enzo.

– Estou sentindo um calafrio a percorrer-me a espinha – comenta a moça.

Olham por toda a sala e nada vêem de anormal, até que Enzo exclama com um tom rouco na voz, próprio de quem quase perdeu a fala:

– Meu Deus!

– O que foi?! – pergunta-lhe Nícea.

Enzo não consegue falar, apenas limitando-se a apontar para um dos alvos fixados na parede.

– O que foi?! – torna Nícea a perguntar, sacudindo

o rapaz por um dos braços, como que para fazê-lo voltar à realidade.

– O dardo! – balbucia Enzo, olhando fixamente para o alvo.

– O dardo?!

– Ele não estava lá quando saímos.

– E não estava mesmo! – exclama, por sua vez, o doutor Monteiro, olhando à sua volta, como que querendo descobrir o autor do lançamento.

– Vamos sair daqui! – pede Nícea, bastante assustada e pálida, tomando a dianteira. Enzo e seu pai saem em seguida, trancando a porta com a chave.

– Não posso acreditar – diz o fazendeiro, agora, na sala de estar.

– Será que aquele dardo não estava, mesmo, lá? – pergunta Enzo, tentando modificar os acontecimentos.

– Você sabe que não, Enzo, – diz Nícea – pois foi você mesmo quem primeiro se assustou.

– Não estava, não – afirma o fazendeiro. – Tenho plena certeza. Além do mais, ouvimos o barulho. Barulho do golpe do dardo no alvo.

– Mas como pôde isso acontecer? – insiste o rapaz.

– Não lhe falei que coisas estranhas andavam acontecendo nesta casa? – pergunta a moça.

– Será, como disse Elza, o Espírito daquela senhora?

– Eu não entendo nada disso – responde o doutor Monteiro.

– O que acha, Nícea?

– Penso que, talvez, o nosso medo tenha criado alguma força mental e que esta, por sua vez, tenha movimentado o dardo em direção ao alvo. Você não pensa assim?

– Sinceramente, não sei o que dizer.

– Você está com medo, Enzo? – pergunta Nícea.

– Medo, não, porque não acredito que isso venha a nos fazer algum mal. Se for, realmente, como você disse, um caso de força mental, não acredito que iríamos nos machucar a nós próprios. Se for algum Espírito, como disse a Elza, não penso que ele tenha algum direito de nos ferir.

– E o que devemos fazer?

– Penso que deveríamos procurar alguém que entenda disso.

– Do quê? Da paranormalidade ou do Espiritismo?

– Não existe nenhum Centro Espírita na cidade?

– Não, – responde o pai de Nícea – mas esse circo-teatro que chegou em Santelmo é formado por espíritas. Talvez possam nos esclarecer e nos ajudar.

– Vou falar primeiro com esse tal de Zé da Graxa. Pelo que me disseram, ele detém algum conhecimento sobre esse assunto – diz Enzo. – Se me permitirem, é claro.

Afinal de contas, Nícea parece ter uma outra idéia a respeito.

– Não, não, Enzo. Pode tomar essa iniciativa e, se porventura, não encontrarmos nenhuma explicação e também uma solução no Espiritismo, procurarei um professor que conheço. Ele é um estudioso dos efeitos paranormais.

– Também concordo, Enzo. Fale com Zé da Graxa, primeiro.

X

– Até que enfim vamos ter um acontecimento diferente nesta cidade – exclama Glória, irmã de Dimas, que mora com ele e Débora –: uma peça teatral.

Glória possui trinta e três anos de idade e é solteira.

– Quer dizer que o doutor Monteiro autorizou, mesmo? – pergunta Débora.

– Não só autorizou, como vai ceder alguns funcionários da prefeitura para os auxiliarem a levantar a lona do circo – responde Dimas, durante o almoço, no dia seguinte ao do enterro de Jorjão.

– E você sabe que tipo de peça teatral irão apresentar?

* * *

– Ouvi dizer que será uma peça com enredo espírita – responde Dagoberto a José de Paula no salão da barbearia.

– Uma peça espírita?! E o padre Francisco? Está sabendo disso?

– O doutor Monteiro o consultou antes de dar a autorização e ele diz que não tem nada contra. Acha que a liberdade de expressão deve reinar, inclusive no que diz respeito à religião. Disse, ainda, que todos têm o direito de pregar aquilo que acredita, desde que não fira os ensinamentos de Jesus e que até chega a admirar os espíritas que colocam a caridade e o amor ao próximo como principal bandeira de seus atos.

– Grande homem esse padre!

– A única coisa que fez questão de deixar bem claro é que também se verá no direito de opinar sobre a peça quando fizer a sua pregação na missa.

– E quando será a estréia dessa peça?

* * *

– No próximo sábado – responde Zé da Graxa ao professor Enzo, no armazém de dona Aurora, que retornara de sua viagem.

– Pelo visto, o circo será pequeno para conter todo mundo.

– Ele fará várias apresentações, mas devo ir na estréia, pois a Bruna, filha de seu Rodrigues, que é quem está encarregada da venda dos ingressos, já deixou número suficiente na farmácia do José de Paula e na barbearia do Dagoberto, que fez questão de presentear-me com um.

– Também o doutor Monteiro ofertou-me uma entrada para o sábado – informa Enzo.

– E, então, professor Enzo, quando virá instalar-se aqui conosco? – pergunta Berenice, pois dona Aurora dispôs-se a arrumar um quarto para ele.

– Pois vim até aqui, justamente para agradecer a hospitalidade a mim ofertada, mas devo informá-las de que o doutor Monteiro insistiu muito para que ficasse na fazenda até a reforma da casa na cidade e acabei concordando. Eles estão sendo muito gentis comigo e não pude deixar de concordar com a idéia.

– E quanto à documentação para tomar posse na escola?

– Já está com o doutor Monteiro, que fez questão de enviá-la para mim através de um seu empregado.

– Seja bem-vindo, então, professor – diz Berenice.

– Muito obrigado.

– Espero que nos faça companhia na noite de estréia do teatro.

* * *

– Oh, sim, podemos ir todos juntos – concorda Rodrigues com Fortunato, o diretor da escola, que lhe propusera que ele, sua esposa, seu filho Tomás e a filha Isabel fossem na mesma noite.

– Teremos imenso prazer em acompanhá-los – diz dona Clara.

– Vocês entendem...Fátima quase não sai de casa e só concordou em assistir à peça se porventura a senhora fosse também. Ela é um pouco retraída...a senhora entende...na verdade, penso que a senhora é a única amiga mais chegada a ela.

– Eu entendo, sim, professor Fortunato e pode ficar tranqüilo que nós os acompanharemos.

– Eu lhes agradeço muito.

– E Bruna, Clara? Onde ela está? – pergunta Rodrigues à esposa.

– Bruna saiu um pouco, mas disse que não vai demorar. Deve ter ido na casa de alguma amiga – responde dona Clara, sentindo-se mal em ter que mentir para o esposo, pois sabe que a filha fora até às imediações do circo para conversar com Luiz Ricardo.

– Ela ainda continua com a idéia de trabalhar em telenovelas, Rodrigues? – pergunta o professor que, muito amigo do padeiro, está sempre a ouvir-lhe confidências e sabe de sua constante preocupação para com essa fixação mental de Bruna.

– Agora quer mudar-se para o Rio, pois descobriu que somente irá conseguir ser uma atriz se morar numa cidade grande.

– Bem, isso é evidente, mas, diga-me uma coisa, Rodrigues: Bruna tem mesmo jeito para representar? Eu, pelo menos, nunca soube que ela tenha, ao menos, participado de alguma peça teatral.

– Na verdade, professor, não tenho muita certeza de que minha filha tenha vocação para atriz. O que ela quer é ser famosa. Isso é o que eu penso.

– Pode ser, Rodrigues. Agora, como será bem sucedida num teste, se nunca atuou, nunca aprendeu? As pessoas fazem cursos para isso.

* * *

– Eu não necessito de cursos, Luiz Ricardo. Preciso, apenas, de uma chance. Sei que tenho talento.

– Não duvido de seu talento, Bruna, mas existem certas técnicas, certos macetes, que só um curso pode oferecer ou será muito difícil realizarmos uma boa interpretação. Para você ter uma idéia, existe uma grande diferença entre atuar, por exemplo, num teatro e numa telenovela.

– Sei que para mim não haverá obstáculos – insiste Bruna.

– Você já participou de alguma peça teatral?

– Uma vez quando era criança e saí-me muito bem. Fui muito elogiada.

– E por que não experimenta participar, primeiro, de uma peça num teatro amador, por exemplo? Posso indicar-lhe alguns amigos na capital que poderiam fazer um teste com você.

– Teatro amador, Luiz Ricardo? Não. Quero participar de uma telenovela como você.

– Vai ser muito difícil.

– Mas por quê? Você não poderia arrumar isso para mim? Deve conhecer muita gente na televisão.

– Pois quase não conheço ninguém, se quer saber a verdade.

– E como conseguiu participar de uma telenovela?

– Foi pura sorte, Bruna. Eu estava parado naquela época. Havia participado de algumas pequenas peças teatrais e recebi um convite deste circo para juntar-me a eles, porque sou espírita e aconteceu que esta peça do circo somente começaria a ser ensaiada num começo de ano e estávamos em maio ainda. Aí houve um golpe de sorte. Eu estava desempregado e fui visitar um amigo que trabalhava na televisão como iluminador. Lá chegando, vi que a produção da telenovela estava com um grave problema: o ator que faria o papel do policial precisou passar por uma cirurgia no estômago e não tinham ninguém em mente para substituí-lo. Foi, então, que esse meu amigo falou de mim. No mesmo momento fiz um teste e gostaram de meu trabalho, dando-me aquela chance. Na verdade, foi um papel secundário, mas fiquei animado, pois imaginava que, se fizesse uma boa representação, talvez me convidassem para alguma outra. Porém, as coisas não acontecem assim tão fácil e, terminada a telenovela, nunca mais fui chamado.

– Mas, talvez...

– Escute, Bruna, não quero ser pessimista com você, mas torno a insistir que não vai ser fácil. Além do mais, a primeira coisa que irão perguntar-lhe é a respeito de cursos realizados ou de peças em que trabalhou e não será somente essa a sua grande dificuldade. Existe uma verdadeira lista de espera de pessoas para serem chamadas para fazer testes. Então, o que posso lhe aconselhar, no momento, é que faça um curso ou que, pelo menos, participe de grupos teatrais.

– Mas será que é assim mesmo...?

– Pode acreditar em mim.

– Gostaria tanto...e pensei que você pudesse me ajudar...

– Todos nós, atores, também gostaríamos de ser rapidamente reconhecidos pelo nosso trabalho. Agora, prometo ajudá-la, mas tem começar como a maioria dos artistas, Bruna. Que tal participar de alguma peça?

– Não sei...

– Vamos, Bruna! Ânimo! Não queira começar por cima. É muito difícil. Afinal de contas, sucesso não é só tornarmo-nos conhecidos e sucesso, no mundo artístico, não acontece da noite para o dia. Na verdade, o verdadeiro sucesso, a verdadeira realização é fazermos algo bem feito e que atinja o coração daqueles que nos assistem. É fazermos com que a mensagem que transmitimos seja algo de útil, algo que cada pessoa que nos assista sempre se lembre do que transmitimos. É dessa maneira que nos realizamos artisticamente. Tenho certeza de que, quando assistir esta nossa peça, irá entender o que estou querendo lhe dizer.

– Vocês vão viajar bastante com essa peça?

– Espero que sim. Bernardo e Torres querem levar esta mensagem para todo o Brasil.

– Uma mensagem espírita?

– Sim. Um ensinamento de nossa Doutrina.

– Vocês ganham bem?

– O suficiente para vivermos com dignidade e com a consciência tranqüila do dever cumprido, de termos dividido com outras pessoas esta alegria que trazemos em nosso coração.

– E que alegria tamanha é essa?

– A alegria da simplicidade, Bruna. A alegria de podermos ser felizes com pouca coisa. Ou você acha que a felicidade do homem é diretamente proporcional aos bens conquistados?

– E não é?

– Pode ter absoluta certeza que não. A felicidade do homem está na razão direta daquilo que ele consegue dividir. Em tudo, existe o ensinamento de Deus. Veja, por exemplo, que até no ensino da Matemática podemos tirar uma grande lição: o que uma criança no curso primário aprende em primeiro lugar quando começa a estudar Matemática?

– A somar.

– Pois bem, a primeira lição é a da adição. Para o homem, isso pode significar que ele terá que aprender a somar os bons ensinamentos para poder, em seguida, subtrair as suas imperfeições. Em seguida, aprende a multiplicação, cuja maior representação é a do trabalho que faz com que o que planta de bom se multiplique em colheita fértil. Por fim, depois que aprendeu a somar, a subtrair e a multiplicar, ele terá que, necessariamente, aprender a dividir o que conquistou em benefício daqueles infelizes que ainda não aprenderam nem a somar.

– Você fala palavras bonitas, Luiz Ricardo.

– Apenas procuro falar com o coração.

– E acha que ainda devo aprender todas essas operações?

– Acho que tem que começar, agora, a multiplicar e a dividir para que seu sucesso não lhe seja apenas passageiro, mas sim duradouro, proporcionado pela bênção do agradecimento daqueles a quem você ensinou a serem felizes.

– E o que acha que devo fazer?

– Se você, realmente, quer ser uma atriz, coloque em primeiro lugar a verdadeira finalidade desse trabalho, que é o de amar através da arte cênica, seja na televisão ou num simples teatro mambembe. Respeito a sua vontade de trabalhar em televisão, mas analise primeiro se essa sua vontade não decorre apenas da necessidade que você tem de ser reconhecida e famosa. Se a sua única meta for essa, sinto dizer-lhe, está no caminho errado, porque essa sua felicidade será efêmera e passageira. Sofrerá muito com a vaidade que daí advirá, porque esse tipo de sucesso é fugidio e, quando menos esperar, o terá perdido. Agora, a felicidade que poderá sentir no trabalho constante, na luta diária em benefício muito mais de seu semelhante do que para você própria, será muito maior e perene. E quanto ao sucesso, isso será apenas uma conseqüência de seu trabalho.

– Vou pensar em tudo isso, Luiz Ricardo. Parece que agora começo a perceber algo um pouco mais profundo nessa arte.

– Pense bastante, Bruna. Reflita bem em tudo o que lhe falei e depois, se quiser, procure-me e poderemos ver o que fazer por você.

– Muito obrigado e até mais.

– Até mais, Bruna.

XI

– É sua vez, Gustavo – diz Dagoberto ao açougueiro, lembrando-lhe que deve mover mais uma pedra no jogo de damas.

– Não me apresse...não me apresse.

– Você demora muito. Fico cansado de esperá-lo resolver a jogada.

– Estou pensando.

– Meu Deus! – grita Téo, proprietário do Bar do Balim, onde naquela noite estão reunidos vários amigos, bebericando uns, jogando bocha outros e em duas mesas, Dagoberto, Gustavo, Euclides e Farias jogam damas. – Ele diz estar pensando. Doutor Prado! Doutor Prado! Corra, doutor Prado! O homem está pensando. Corra, doutor, e traga uma camisa-de-força.

Todos riem.

– Vocês caçoam de mim, mas no mês passado ganhei uma bela partida contra o João.

– Ih! Agora ele vai falar dessa partida para o resto da vida. Contra o João, Gustavo? Contra o João?

– E o que tem que foi contra o João? Eu ganhei.

– Você não ganhou, Gustavo. Foi ele quem perdeu.

Todos voltam a rir.

– E vamos parar com essa bagunça. Não consigo pensar com todo esse barulho.

– Silêncio, pessoal. Deixem Gustavo pensar.

– Boa noite a todos – cumprimenta Alonso, o industrial e vice-prefeito da cidade, acompanhado de Dimas e Ariovaldo.

– Boa noite, Alonso.

– Ei, Dimas – grita José de Paula –, você está decaindo, homem. Até pouco tempo atrás, só ficava atrás do Prefeito e, agora, vive na sombra do Vice.

Gargalhada geral. Naquele bar, todos brincam muito e ninguém fica melindrado ou magoado com as brincadeiras em torno de sua pessoa, pois são todos muito amigos. Até Alonso sorri.

– E com o gerente do Banco, também. Está precisando de dinheiro, Dimas? – arremata Farias, o comerciante.

– Dimas precisando de dinheiro? Com aquele sogro rico que tem?

– Sogro rico? – pergunta Dimas – Sei. Só verei a cor de algum dinheiro quando ele estiver a sete palmos.

– Por que você não o seqüestra, Dimas? Peça um bom resgate para a sua sogra. Você propõe o seguinte: se ela lhe der vultosa quantia, você promete nunca mais devolvê-lo – sugere Alonso, brincando.

Risadas de novo.

– E, então, seu Alonso? O que vai beber?

– O de sempre.

Téo serve o vice-prefeito e procura sondá-lo sobre o assunto que mais lhe interessa.

– Como vão as negociações com o doutor Monteiro? Encontra-se ele mais disposto ao assunto da mata?

– Continua irredutível. Não quer conversa. Diz ter motivos suficientes e vitais para não concordar.

– Estranho...depois que aqueles engenheiros estiveram na fazenda um ano atrás, parece que as coisas ficaram mais difíceis – comenta Dimas. – Antes disso, o doutor Monteiro parecia mais propenso a concordar.

– Será que ele não percebe que esta cidade precisa de um novo impulso? De uma nova fonte de rendas? – comenta Dagoberto, levantando-se da cadeira e aproximando-se dos três, enquanto Gustavo fica a pensar sobre a nova jogada. Nesse momento, todos voltam a atenção para a conversa. – Do jeito que vamos indo, esta cidade nunca sairá desta posição de um lugarejo. Precisamos progredir.

– Pois acho que o doutor Monteiro tem toda a razão – diz mestre Doca, que acabara de retornar ao bar, depois de uma partida de bocha, e ouvira a conversa que se iniciara. – Temos que pensar muito bem se isso, realmente, será bom para a cidade e para nós. Afinal de contas, devemos convir que vivemos na mais absoluta tranqüilidade neste lugar. Nada nos falta aqui e as famílias sentem-se em segurança. Há quanto tempo não ocorre nenhum caso de violência por aqui? Nunca nenhum de nós foi roubado ou assaltado e todos sabem o que acontece na maioria das cidades, atualmente.

– Você tem toda a razão nesse aspecto, mestre Doca – interrompe José de Paula –, mas também nunca conseguimos ganhar um pouco mais de dinheiro. Se compararmos o conforto que os habitantes de qualquer outra cidade possuem, veremos que estamos muitos anos atrasados. Nossos filhos, por exemplo, se quiserem fazer um curso colegial, temos que enviá-los para outra cidade. Um curso de nível superior, nem se fale.

– Não é bem assim, José – rebate Farias – O doutor Monteiro já avisou que se tiver algum jovem, realmente interessado em continuar os seus estudos, é só comunicar-lhe, que a fazenda terá muito prazer em arcar com parte das despesas. Aliás, já são mais de quarenta jovens que o ônibus de sua propriedade transporta para Monte Acima a fim de cursarem o segundo grau. O que ocorre é que nossos filhos nunca se interessaram muito por isso. Quando terminam o colegial preferem trabalhar com os pais ou na fazenda. Na verdade, todos se sentem contentes aqui.

– Mas até quando isso? Não podemos depender de sua bondade para sempre, mesmo porque o doutor Monteiro não é eterno e, além do mais, não há mal algum em se procurar ganhar um pouco mais de dinheiro. Faz parte do progresso.

– Tudo bem. Só fico preocupado com o que poderá acontecer com a nossa tranqüilidade se começar um afluxo muito grande de turistas para cá. E quem garante que não virão outros comerciantes, atraídos pelo dinheiro do turismo?

– A Prefeitura não é obrigada a autorizar o funcionamento de outros comerciantes se, para isso, fizermos leis.

– Mas não é correto, não é, seu Alonso?

– Vejo que as opiniões estão um pouco divididas nesta noite.

– Que tal se fizéssemos uma votação para sabermos o que a maioria deseja? – sugere Euclides.

– Uma votação?

– Sim. Atenção todos! – grita, subindo em uma cadeira a fim poder ser visto. – Quem estiver de acordo com a idéia de se explorar a mata da fazenda como fonte de turismo, levante a mão. Dimas, faça a contagem.

– Sim...vejamos...um, dois, três...quatro... catorze levantaram a mão. Quantos somos? um...dois... três...dezesseis. Dezesseis menos catorze, dois. Ganhamos. Quinze comigo, a favor, e um contra. A maioria aprova a idéia de que a mata seja explorada como atrativo aos turistas e poderia ser construído um grande lago com água corrente para o deleite dos pescadores.

– E um grande restaurante à beira desse lago – fala Dimas, lembrando-se da idéia de Débora, sua esposa.

– E por que não, vôo de asa delta da parte alta, acima do rio, para a parte baixa? Vento é o que não faltará para isso.

– E um serviço de transporte para o retorno dos voadores – sugere Gustavo. – Possuo alguns veículos que poderão ser reformados e adaptados para isso.

– E venda ou aluguel de artigos de pesca e iscas vivas – fala, por sua vez, Euclides.

– Fico muito preocupado quando ouço vocês falarem dessa maneira – interrompe mestre Doca.

– E por quê? Apenas queremos trabalhar e ganhar mais. Temos tudo para progredirmos.

– Vocês se esquecem que as terras são do doutor Monteiro.

– Disso nós sabemos – argumenta Dimas –, mas ele também irá lucrar muito com isso. Tudo o que ganharmos, dividiremos com ele.

O velho cala-se e, abaixando a cabeça, senta-se a uma mesa no canto do bar.

– O que foi, mestre Doca? Parece que chateou-se com a conversa.

O homem continua em silêncio.

– Por que tanta preocupação?

– Por que gostaria que aquele lugar continuasse intocado e que não se falasse mais nesse assunto. Podem ter certeza de que será o melhor para todos nós.

– Você sempre foi contra essa idéia, mas nunca nos deu uma razão plausível para isso.

Mestre Doca novamente abaixa os olhos.

– Você está nos escondendo alguma coisa, mestre Doca. Por que não fala?

– Não posso – deixa escapar.

– Não pode? Quer dizer que há alguma razão que desconhecemos...

– Uma forte razão, meus amigos e gostaria que confiassem em mim. Podem ter certeza de que não devem trazer estranhos para aquela mata. Aliás, espero que me perdoem, mas diante de tanta insistência da parte de vocês, penso que devo ter uma conversa muito séria com o doutor Monteiro, alertando-o para que não concorde com essa idéia.

– O que é isso, mestre Doca? Não irá fazer isso

conosco, não é? – pergunta Dimas, visivelmente contrariado.

– Infelizmente, terei que tomar essa atitude.

– Mas o que irá falar para o doutor Monteiro? O que você sabe que não sabemos? Que tanto mal pode advir de trazermos turistas para a fazenda? Acho que nos deve explicações, mestre Doca. Afinal de contas, somos ou não somos todos amigos? Não fazemos, todos, parte de uma mesma família? Meu Deus! Fale, homem! Fale! – altera-se Dagoberto.

– Não posso... – responde, em voz baixa.

– Ô mestre Doca, você não vai nos deixar nessa curiosidade, não é? – insiste Téo.

– Por favor, esqueçam-se de que eu disse alguma coisa e não precisam se preocupar. Não é nada demais. Apenas a apreensão de um velho que não sabe ficar de boca fechada.

– Eu não acredito que esse velho teimoso...

– Por favor, Gustavo, – pede Dagoberto, agora mais calmo com aquela história toda e já com pena do ancião – não vamos crucificar mestre Doca. Se ele não quer falar, tudo bem. Deve ter as suas razões para isso e, mais cedo ou mais tarde, acabaremos sabendo do que se trata. Se ele falar com o doutor Monteiro, logicamente, este deverá usar essa justificativa para não atender ao nosso pedido. Certo? Vamos respeitar a vontade de nosso amigo aqui, aliás, o nosso mais antigo amigo.

– Tudo bem – responde Gustavo. – Você tem razão. Não vamos importunar mais esse velho teimoso com a nossa teimosia, não é, pessoal?

– É – respondem quase todos, em coro.

– A não ser que ele se negue a jogar uma partida de bocha comigo esta noite. Vamos lá, mestre Doca. Pago-lhe uma cerveja.

O velho sorri e uma lágrima brilha em seus olhos ao ver que possui grandes amigos. Na verdade, temera em perdê-los por não ter sabido ficar calado.

– Muito obrigado a todos – agradece, emocionando os presentes, que percebem seus olhos marejados de lágrimas.

– Vamos lá, meu velho – diz Gustavo, abraçando-o e levando-o para o campo de bocha nos fundos do bar.

– O que será que mestre Doca tem para revelar? Parece algo muito grave – pergunta Dimas.

– Não sei, mas pela maneira como falou, deve ser algo que irá influir na decisão do doutor Monteiro – responde Alonso.

– Logo agora, que ele parecia estar mais propenso em atender-nos.

– Disso não tenho muita certeza, mas precisamos descobrir o que é esse segredo todo e convencer mestre Doca a ficar em silêncio.

– Mas como?

– Vamos até o campo de bocha. Tenho uma idéia que, talvez, possa dar certo.

– Vamos até lá.

XII

– Veja quem encontramos bisbilhotando aqui dentro, dona Emerenciana. Deve ter passado sorrateiramente sob a nossa guarda – informa um forte negro, vestido como os escravos do século passado, juntamente com outros que, trajando-se da mesma maneira, ou seja, apenas calças brancas, descalços e nus da cintura para cima, seguram e prendem pelos braços uma figura que chega a impressionar pelos traços deformados e inteiramente trajado com vestes negras, a lembrar religiosos de alguma ordem templária.

– Larguem-me!!! Soltem-me ou se arrependerão!!! Não estou sozinho! Somos em muitos!!!

– E onde estão os outros? – pergunta mansamente dona Emerenciana, Espírito feminino de nobre aparência e altivez, a trajar longo vestido azul, ornado com rendas brancas nos punhos e na gola. Esses inusitados personagens encontram-se nesse momento na casa do doutor Monteiro, mais precisamente no quarto onde se encontra o retrato e onde um dardo atingiu o alvo. Na verdade, pertencem a uma outra dimensão, à

dimensão do plano espiritual. São Espíritos já desencarnados.

– Estão lá fora e prontos para vir em meu socorro!

– Isso você pode ter plena certeza que não ocorrerá e, por certo, seus companheiros já devem ter sido postos a correr pelos meus seguidores – diz a mulher.

– Não acredito! Meus companheiros são muito mais fortes que esses seus pobres e ignorantes escravos.

– Levem-no até a janela e façam-no ver os seus amigos.

Os Espíritos que o seguram obedecem à ordem daquela senhora, arrastando o intruso até a janela.

– Onde vocês vão?! – grita o Espírito aos companheiros que fogem da fazenda, em desabalada correria pela estrada. – Não me deixem sozinho com essa maluca! Voltem aqui! Covardes!

– Não adianta gritar para eles, meu caro – diz dona Emerenciana. – Eles não o ouvirão. Aqui eles não podem entrar, pois esta casa encontra-se sob minha proteção. Você aqui entrou apenas por um acaso, por uma distração da nossa guarda.

– E quem é você, velha?! E esses escravos?! Onde pensam que estão?! No século passado?!

– Acalme-se, pobre infeliz, e pare de gritar. Não acha muita prepotência de sua parte, já que está aí imobilizado, continuar a querer se impor?

– Pois não tenho medo de você e nem deles. Não tenho medo de ninguém! Tenho certeza de que meus companheiros voltarão para me buscar!

– Não haverá necessidade nenhuma de que venham libertá-lo, pois logo, logo, o deixaremos em liberdade, desde que responda a algumas perguntas que vou lhe fazer.

– E se eu não responder?

– Aí terá o castigo que merece.

– Você irá me castigar, sua velha louca? Ou esses seus escravos é que irão me castigar? Tenho vontade de rir.

– Em primeiro lugar, aqui não existem escravos de ninguém. Estes que me servem, assim como os outros, já foram, sim, escravos, mas hoje, são mais livres do que você, pobre infeliz, escravo das trevas. E, se aqui se encontram sob a minha orientação, é porque assim o querem, porque assim o desejam. Porque temos uma missão nesta fazenda. Além disso, não seremos nós quem iremos dar-lhe um corretivo.

– E quem fará isso?!

– Seus próprios companheiros, se lhes fizermos saber que você procurou refugiar-se aqui dentro, junto a nós, em busca de socorro e guarida e que nós o expulsamos porque não concordamos em ajudá-lo.

– Mas isso não é verdade!!!

– Temos meios de fazê-los acreditar em nossos

argumentos. Afinal de contas, por que somente você conseguiu entrar aqui?

– Vocês não diriam uma mentira dessas...

– E por que não?

– Velha mentirosa!!! Chantagista!!!

– E daí? Não será melhor responder a tudo que lhe perguntarmos?

– Só se eles não ficarem sabendo do que eu aqui vier a dizer.

– Dou-lhe minha palavra, desde que não minta. E sei quando alguém está mentindo. Leio nos olhos.

– Não vou mentir. Mas quero que me libertem logo.

– Muito bem. Em primeiro lugar, quero saber o que vieram fazer aqui na fazenda.

– Bem...

– Responda rápido. Na primeira mentira, você sofrerá as conseqüências.

– Viemos até aqui para ver a moça de perto e testarmos a sua capacidade de nos dar o que precisamos.

– E do que precisam?

– De seu fluido magnético.

– E para que necessitam desse seu fluido?

– Você sabe, velha, você sabe.

– Efeitos físicos?

– Sim.

– E o que pretendem fazer?

– Isso eu não sei. Minha missão era a de apenas testar a capacidade da moça.

– E, pelo visto, conseguiu. O dardo...

– Sim. Eu estava escondido aqui dentro, detrás daquele móvel.

– Eu bem que senti uma vibração diferente aqui – informa a senhora.

– Quando você olhou assustada para o alvo, saí despercebido, mas não consegui passar pela porta da frente porque esses negros nojentos me aprisionaram.

– E quem são vocês e o que querem aqui nesta cidade?

– Estamos com o circo.

– E o que têm contra o circo? Quem é o seu chefe?

– Meu chefe chama-se Lúcio.

– Estou perguntando-lhe o nome do chefe maior de vocês.

– É Ramires.

– Ramires? Será...?

– Coronel Ramires, dona Emerenciana? – pergunta um dos escravos.

– Não sei. Pode ser. O que mais sabe dele, infeliz?

– Sei muito pouco. Apenas que foi, no passado carnal, um poderoso fazendeiro e muito íntimo do clero, aliás, um grande aliado, chegando a receber a promessa de ser recepcionado com muitas honrarias quando atravessasse as portas da tumba. Mas foi traído!!!

– Traído?

– Sim. Depois de tudo que proporcionou à Igreja, o Céu fechou-lhe as portas.

– Entendo. E, depois, então...

– Grande conhecedor que é das escrituras, aliou-se a uma verdadeira ordem religiosa para a qual presto os meus serviços. E Ramires, hoje, é o líder de uma das centenas de legiões dessa grande ordem. Por isso, velha tola, não sabe com quem está se metendo e saiba que terá que enfrentar a ira do verdadeiro Deus! O das trevas, já que o da luz trai os seus seguidores.

A senhora, sem se amedrontar com as ameaças, continua o interrogatório.

– E o que Ramires tem contra o circo?

– Nossa ordem é contra todo e qualquer ensinamento religioso.

– E por que isso?

– Porque sabemos que toda religião do plano terrestre é perniciosa e enganadora, principalmente o Espiritismo, que prega indiscriminado amor ao próximo e isso não podemos aceitar!

– Muito bem. Agora, uma última pergunta e espero

que me responda a verdade. Por acaso, esse tal de Ramires possui uma cicatriz em sua face esquerda?

A grotesca figura dá sonora e estridente gargalhada, expondo horríveis dentes na úmida e deformada boca.

– De que ri, infeliz criatura?

– Como poderia ser notada uma simples cicatriz naquela pele escamígera?

– Tem ou não tem? – pergunta, autoritariamente, um dos escravos que o segura.

– Tem – responde o infeliz.

A mulher olha para os outros ali presentes em sinal de entendimento e volta a falar.

– Muito bem. Você será libertado, mas tome muito cuidado. Se for pego aqui novamente, pagará caro por sua intromissão e temos meios para isso. Levem-no daqui – ordena dona Emerenciana – e ponham-no a correr.

Os negros obedecem e levam o infeliz para fora do casarão, retornando logo em seguida.

– Quero que redobrem a guarda aqui na casa e você, Hilário, providencie proteção maior à dona Nícea.

– Será que conseguiremos fazê-la ir até a caverna, senhora? – pergunta o negro. – Já faz algum tempo que estamos tentando atraí-la para lá.

– Tenha paciência, meu amigo. O tempo é nosso aliado e se encarregará disso se tivermos constância em nosso trabalho. Agora que ela voltou para ficar, tenho plena

convicção de que teremos êxito em nossa missão e, certamente, com a presença, agora, de Enzo, tenho mais certeza ainda.

– A pressão em cima do doutor Monteiro para que abra a mata para visitação de estranhos está muito intensa, senhora. Se isso ocorrer, temo que poderão desconfiar do que ali era feito no passado e a fazenda e toda esta cidade poderão sofrer as conseqüências de uma incontrolável invasão de aventureiros.

– Não se preocupe tanto, Hilário. Tenho muita fé em Deus, pois o que estamos tentando realizar reveste-se de muito amor.

– Gostaria de ter essa confiança que a senhora possui.

– Pois a tenha, meu bom homem, e procure transmiti-la aos outros.

– Faremos uma reunião hoje à noite?

– Sim. Utilize-se dos primitivos na guarda e reúna todo o pessoal na caverna.

– Assim o farei, senhora.

– Que Deus o acompanhe.

XIII

– Boa noite, senhor – cumprimenta Torres ao entrar na oficina mecânica de Genaro. Já é noite, mas o mecânico ainda está trabalhando, o que deixa Torres satisfeito, pois estava indeciso em bater à sua porta.

– Boa noite. Em que posso lhe servir?

– Meu nome é Torres. Sou do circo e estou tendo dificuldades com a bateria de meu carro. O senhor teria uma para me vender? Fiquei sabendo que trabalha com a parte elétrica também. Desculpe-me se o incomodo à noite, mas amanhã será difícil para eu vir até aqui.

– Não me incomoda em nada, seu Torres, e aqui nós fazemos de tudo. Sou mecânico e eletricista. Seu carro está aí?

– Não. Vim com outro veículo. Apenas quero comprar a bateria. Eu mesmo a instalarei.

– Certo. Venha até aqui no depósito. Tenho várias marcas.

Nesse momento, a esposa de Genaro, que mora ao

lado da oficina e cujo quintal da casa dá acesso a ela, entra, espavorida e muito agitada.

– Genaro! Genaro! Venha! O Luizinho, outra vez!

– Oh, meu Deus! Outra vez?! Com licença, seu Torres.

Dizendo isso, sai correndo, seguindo a mulher em direção ao quintal. Torres continua ali, sem saber o que está acontecendo, até que ouve os gritos de uma criança. Apura os ouvidos e percebe que o som vem dos lados do quintal para o qual o mecânico saiu correndo junto com a esposa.

– O que estará acontecendo? – pergunta-se a si mesmo.

Dirige-se, então, para lá, lentamente, para não parecer inoportuno, apenas para saber se pode ajudar em alguma coisa. Chegando ao quintal, verifica ter acesso aos fundos da casa: um rancho com um tanque de lavar roupa. As luzes estão acesas. Aproxima-se e vê a movimentação dos pais e do menino na cozinha, cômodo contíguo ao rancho.

O pai encontra-se sentado numa cadeira com o menino, de cerca de uns seis anos, no colo, que grita e esperneia tentando fugir dele que, com muita dificuldade segura-o com o braço esquerdo, enlaçando-o por detrás, e com o direito, segurando-o pela testa, pois a criança teima em cabecear o que estiver ao seu alcance. A mãe, aflita e desesperada, pede ao garoto que pare com aquilo, enquanto tenta inutilmente acariciá-lo.

– Luizinho! Luizinho! Pare, meu filho! Pare! Olhe a

mamãe aqui! Olhe para mim, filho! Meu Jesus, nos ajude! Filho! Acalme-se, por favor!

– Acalme-se, Luizinho! Por favor, meu filho! – implora o pai que, ao ver Torres, quase à porta da cozinha, tenta lhe explicar: – Está tendo um ataque! Não sabemos o que é isso. Acontece de vez em quando. Daqui a pouco passa.

Torres olha ao lado do menino e, através de sua vidência mediúnica vê o Espírito de um homem que se agarra ao garoto, tentando apertar o seu pescoço.

– Meu Deus, me ajude... – pede em pensamento.

Aproxima-se, então, e estendendo os braços à frente, aplica um passe no garoto, enquanto fala com o Espírito:

– Por que faz isso, meu irmão? Não vê que é apenas uma criança? Vamos, afaste-se dele e procure-me amanhã à noite. Quero conversar com você. Lá no circo.

– Com quem está falando? – pergunta Genaro, assustado.

Nesse momento, o Espírito começa a falar através da mediunidade psicofônica do garoto:

– Não quero falar com você e nem com ninguém! Quero levá-lo comigo!

– Meu irmão, isso não será possível. Convença-se disso. Por que não se afasta e conversaremos depois em local mais apropriado?

– Já disse que não quero falar com ninguém!

– Pois bem, meu querido irmão. Então, teremos que imobilizá-lo para que possa, compulsoriamente, nos visitar amanhã à noite. Rogo a Deus e a Jesus que permitam que os Amigos Espirituais, seus mensageiros, possam, carinhosamente, imobilizar este nosso irmão, para que possa ser auxiliado.

Torres vê, então, quando uma equipe de Espíritos, trajados com roupa branca, já conhecidos seus, utilizando-se da combinação de seus fluidos com os dele, mais animalizado, conseguem imobilizar a infeliz entidade espiritual com uma espécie de tira luminosa, como se fosse uma gaze muito forte. Dessa maneira, o Espírito é levado por eles. Ainda consegue ouvir o que uma das entidades socorristas lhe diz ao saírem:

– Amanhã à noite, Torres.

Nesse mesmo instante, o garoto começa a se acalmar e abre os olhos, parecendo ainda um pouco tonto e sem saber o que lhe acontecera.

– Mamãe!

– Filho, tudo bem? – diz abraçando-o.

– O que o senhor fez, seu Torres? Falou com meu filho e não entendi nada do que disseram. O senhor poderia nos explicar?

– Posso, mas não na frente da criança.

– Certo. Maria, leve o Luizinho de volta para a cama e volte para conversarmos com este senhor.

Os dois homens aguardam o retorno de Maria, dirigindo-se, então, os três até a oficina. Genaro pergunta:

– Afinal de contas, o que aconteceu?

– Há muito tempo o seu filho sente isso, meu amigo?

– Já faz alguns meses, mas não é sempre. Se não me engano, umas seis vezes. Já o levamos ao médico, mas ele não conseguiu descobrir o que Luizinho tem. O que o senhor fez e o que foram aquelas palavras que meu filho lhe disse? Por acaso, tem algo a ver com Espíritos?

– Sim, seu Genaro.

– Já ouvi falar disso, mas nunca acreditei. E por que esse Espírito faz isso com Luizinho?

– Acontecimentos do passado, meu amigo, de outras vidas.

– De outras vidas? O senhor acredita que já vivemos outras vidas antes? – pergunta Maria.

– Sim, minha senhora. Já vivemos muitas outras vidas, onde angariamos muitos amigos, mas, também muitos inimigos.

– Já ouvi falar disso, também. E o senhor acha que esse Espírito quer se vingar de Luizinho? – pergunta o pai.

– Prestem atenção. Seria muito difícil explicar-lhes

tudo isso com poucas palavras, agora, mas vou dizer-lhes uma coisa: esse Espírito, infeliz que é, será auxiliado amanhã à noite numa sessão espírita que realizaremos lá no circo. Tenho certeza de que ele não tornará mais a incomodar o menino que, obviamente, possui uma mediunidade mais pronunciada que as outras pessoas, pois todos possuímos um determinado grau de mediunidade nesse intercâmbio constante entre este nosso plano material, em que vivemos encarnados, e o plano da verdadeira vida, o espiritual.

– E o que acontecerá com essa mediunidade de meu filho?

– Tenho certeza de que poderemos diminuir esse grau mediúnico até que ele cresça e tenha condições de melhor desenvolver essa sua capacidade. Agora, para isso, serão necessárias algumas providências por parte do senhor e de sua esposa.

– E que providências são essas, seu Torres? Diga-nos que as tomaremos.

– Aqui nesta cidade não existe nenhum Centro Espírita?

– Que eu saiba, não.

– Pois muito bem. Vou ensinar-lhes o que fazer, mas antes gostaria de explicar algo, muito rapidamente, para que possam entender o que estarão fazendo.

– Diga-me, seu Torres, mas sente-se aqui neste banco, por favor – convida o homem.

– Bem, devem acreditar... imagino que tenham uma religião...

– Somos católicos – responde Maria, prontamente.

– Certo. Dessa maneira, devem crer que a vida não termina com a morte e que todos nós somos Espíritos ou Almas, como quiserem denominar, e que possuímos um corpo. Certo?

– Correto.

– Muito bem. Na verdade, nós, que somos um Espírito ou Alma, possuímos um corpo material e um outro semi-material, que nós, espíritas, denominamos de perispírito e que nos acompanha após a morte deste nosso corpo físico. Também devo dizer-lhes que o que nos liga, Espíritos que somos, ao corpo físico é esse nosso perispírito. O nosso corpo físico é uma cópia desse nosso perispírito. Estão entendendo?

– Sim e pelo que o senhor está dizendo, quando morremos, ou melhor, abandonamos o corpo físico, continuamos a viver em outra dimensão, revestidos desse perispírito e que é assim que nós nos vemos, uns aos outros, nessa dimensão.

– Muito bem, seu Genaro. Vejo que o senhor tem uma facilidade muito grande em compreender tudo isso.

– Já ouvi falar a respeito e gosto de ler sobre esse assunto em revistas esotéricas. Minha esposa também lê.

– Agora, vou tratar de um assunto que acredito que o senhor vai ter uma certa facilidade em compreender, já que deve entender alguma coisa sobre eletricidade.

– Sim...

– Acompanhe meu raciocínio. O senhor sabe que quando uma corrente elétrica percorre um fio condutor, forma-se em derredor deste um campo magnético. Certo?

– Sei e que poderá ser ampliado se enrolarmos esse fio em vários anéis. Seria a bobina eletromagnética. Isso?

– É isso mesmo. O que eu quero dizer ao senhor é que nós, Espíritos encarnados, possuímos um corpo mental, um perispírito e um corpo carnal, e que todos são constituídos por átomos que, por sua vez, são constituídos por elétrons, prótons, nêutrons e outras partículas que já estão sendo descobertas.

– Entendo.

– Não vou lhe falar sobre o fluido universal, hausto do criador, que constitui todas essas partículas, para não irmos muito longe, mas se quiserem aprender mais sobre isso, poderei arrumar-lhes alguns livros sobre o assunto.

– Gostaria muito, seu Torres. Interesso-me muito por eletricidade, átomos, elétrons; gosto de ler e aprender sobre isso.

– Vou presentear-lhes com alguns livros, mas vamos

voltar ao tema. Como estava lhes dizendo, todos esses nossos corpos são constituídos dessa maneira e é evidente que, com toda essa movimentação eletrônica, forma-se em todo o nosso redor, assim como no fio condutor, vibrações eletromagnéticas. É o que comumente é chamado de Aura.

– Também já li a respeito. Inclusive, certa feita, li numa revista que já existe uma câmera fotográfica, chamada Kirlian que fotografa essa Aura e que, conforme o nosso estado mental, ela possui determinada forma e cores.

– Isso mesmo. Quando estamos bem, estamos tranqüilos, essas nossas Auras possuem um equilíbrio em sua vibração, haja vista, que tudo possui vibrações nesta vida, como se fossem ondas. Quando estamos mal, em termos de saúde física ou emocional, essa Aura passa a ter vibrações desencontradas e desequilibradas. E, tanto essas vibrações desequilibradas ou equilibradas, vão agir no ambiente em que vivemos, chegando, inclusive, a atingir as Auras de outras pessoas, desequilibrando-as ou equilibrando-as, dependendo, obviamente, do grau de elevação das que atingem e das que são atingidas. O senhor está me entendendo?

– Entendo. E seria por esse motivo que, muitas vezes nos encontramos com pessoas que, pela simples presença, sentimos um certo desconforto ou, então, uma sensação de muita paz?

– Vejo que o senhor entendeu muito bem. Agora,

nos centros espíritas costuma-se aplicar passes. Já ouviram falar?

– Sim. Deve ter sido o que o senhor fez com Luizinho – diz a mulher.

– Correto. O passe atua no perispírito e, por conseqüência, no corpo físico, através de centros de força do perispírito. Esses centros de força possuem a forma de um cone, com a parte mais estreita para dentro e giram, permanentemente, como se fossem redemoinhos, captando e expulsando energia. Cada um desses centros de força estão intimamente ligados a determinados órgãos de nosso corpo. Uma outra finalidade do passe magnético é a de corrigir pontos frágeis que se formam em nossa Aura, pelos quais podem sofrer a influência de Espíritos que queiram prejudicar-nos. Os passistas, então, estando com suas Auras equilibradas, podem fazer com que à sua aproximação e mentalizando energias saindo de suas mãos, pois que as mãos são extremidades de seu corpo e sabemos que energias são mais facilmente liberadas pelas extremidades, reequilibre novamente as Auras daqueles que estão com elas em desequilíbrio. O Espírito obsessor, como no caso de seu filho, também recebe essas dádivas, essa verdadeira chuva de bênçãos pois, por força do amor, esses passes são ministrados em conjunto com os Espíritos de Luz que propiciam fluidos superiores aos dos passistas, fazendo com que aqueles que os recebam passem a sentir-se melhores e mais bem dispostos. Evidentemente que essas pessoas deverão, em seguida e, aproveitando essa verdadeira “injeção” de ânimo e bem-estar, procurar detectar e modificar certas atitudes físicas ou mentais para que possam sarar e não mais voltar a ter esses problemas de desequilíbrio. E a receita para isso é muito simples: seguir os ensinamentos de Jesus.

– Muito bonito tudo isso, seu Torres. E de muita lógica.

– Muito bem, seu Genaro. Agora vou lhe explicar o que devem fazer para auxiliar o Luizinho.

– Diga-nos, meu amigo.

– Esse passe, a que me referi, pode também ser dado apenas com boas vibrações, com os bons pensamentos daqueles que cercam a pessoa necessitada e também por atitudes que tornem a vida dessa pessoa bastante tranqüila.

– E o que devemos, eu e minha mulher, fazer?

– Revestir este lar das mais nobres e puras vibrações. É preciso que o senhor e sua esposa vivam em grande harmonia. Façam orações conjuntas no lar. Leiam e estudem o Evangelho de Jesus.

– O Evangelho?

– Sim. Tenho um aqui no carro e faço questão de presenteá-los com ele. Denomina-se *O Evangelho Segundo o Espiritismo*, de Allan Kardec. Escolham um momento do dia ou da noite e reúnam-se, o senhor, sua esposa e o seu filho e leiam uma passagem desse

Evangelho, procurando entender as mensagens do Mestre. Façam isso em conjunto, lendo em voz alta. Depois, façam uma pequena prece. Criem no menino o hábito da oração. Ensinem a ele que é pedindo que se recebe e saibamos reconhecer que o que recebemos é o melhor para nós, pois Deus sabe o que realmente necessitamos em todos os momentos de nossa vida, pois Ele muito nos ama. Essa é a verdadeira fé, seu Genaro: a confiança no Pai.

– Muito bonito o que o senhor está me dizendo.

– Mais uma coisa.

– Pois não.

– Antes de dormirem, coloquem um copo com água ao lado de cada cama e façam uma prece. Orem pedindo aos Amigos Espirituais, mensageiros de Jesus, que os abençoe e que coloquem salutar remédio nessa água, que a fluidifiquem. No dia seguinte, bebam a água ao levantar-se.

– Faremos isso.

– E sejam firmes, pois devo preveni-los de uma coisa: muitas vezes sentir-se-ão sem vontade de reunirem-se para ler o Evangelho na hora combinada. Não cedam a esse pensamento preguiçoso e realizem o estudo. Verão que sentirão uma grande paz.

– Entendo. E o que mais, seu Torres? Quero saber tudo o que devemos fazer.

– Se possível e se possuírem um aparelho, coloquem

músicas calmas e melodiosas durante algumas horas do dia para que todos vocês sintam-se sempre com o coração sereno e calmo.

– Faremos isso.

– Agora, vamos até o meu carro. Quero presenteá-los com o livro e, se forem ao circo para assistir à peça teatral, procurem adquirir algumas obras de Allan Kardec. Estudem-nas e, quaisquer dúvidas, falem com Zé da Graxa. Ele poderá elucidá-las. Conheci-o hoje de manhã e percebi ser um moço bastante inteligente e que conhece bastante sobre o assunto.

– Sim, o Zé da Graxa. Agora, seu Torres, perdoe-me pela pergunta, mas devo fazê-la.

– Pois faça.

– Sabe, sempre fomos católicos e isso que o senhor está nos indicando está relacionado com o Espiritismo, não é?

– Sim.

– E o que devemos fazer, então? Abandonamos a Igreja?

– De maneira alguma, dona Maria. Façam o que lhes indiquei e podem continuar a freqüentar a Igreja Católica. Com o tempo, vocês decidirão melhor o que deverão fazer. Nós, espíritas, nada temos contra as outras religiões, desde que estas coloquem os ensinamentos de Jesus como lema principal. E procurem praticar a caridade, também. Não somente a caridade material, muito importante, sem sombra de dúvida, mas, também, a da compreensão, a da tolerância, do perdão, do sorriso sincero, enfim da fraternidade em todos os sentidos. Tudo isso, somado, será o remédio ideal para todos.

– Deus lhe pague, seu Torres, por todos esses ensinamentos.

XIV

– Grande mestre Doca! Dando mais uma sova no Gustavo?

– O homem é bom, mesmo – comenta Gustavo. – É um mestre.

– Depois dessa partida, quero jogar uma com ele – diz Alonso.

– E eu quero assistir – pede Dimas.

– Já estamos terminando esta.

– Téo! – grita Alonso em direção ao bar. – Traga mais duas cervejas bem geladas. Uma para mim e outra para o mestre Doca.

– Não vou beber mais, não – diz o velho.

– Ora, mestre Doca, não vai negar-se a tomar uma cerveja comigo, não é? E é por minha conta.

– Só mais uma, então. Senão, não consigo jogar.

– Pronto, perdi a partida. Pode vir jogar, seu Alonso. Já estou de saída.

Dizendo isso, Gustavo sai do campo de bocha, permanecendo ali apenas Alonso, mestre Doca e Dimas. Téo entra com as duas cervejas solicitadas, saindo logo em seguida.

– Cadê seu copo, meu bom homem? Vamos enchê-lo.

– Só mais um.

– Esta garrafa é toda sua.

E o jogo começa. Propositalmente, Alonso finge beber e vai enchendo o copo do velho que, sem perceber, tão entretido está com o jogo, vai ingerindo um copo atrás do outro. Téo, instruído por Alonso, traz mais bebida. Quando Alonso percebe que mestre Doca já está um pouco alto demais e que, se não parar de beber, certamente não conseguirá nem mesmo parar em pé, convida-o a sentar-se com ele num dos bancos ao lado do campo. Dimas senta-se, também.

– Acho que bebi demais – diz o velho, com a voz pastosa. – Mas você é um grande amigo. Nunca ninguém pagou tanta bebida para este velho. Você é meu amigo – repete, com a mente um tanto embotada pelo álcool, começando a falar e a repetir frases, atitude própria de quem se encontra embriagado. Também, como é comum a muitos quando se encontram nesse estado, passa a ter arroubos sentimentais, elogiando o amigo Alonso, insistentemente.

– Sem dúvida nenhuma, você é meu grande amigo, Alonso. Você e Dimas.

– E você, mestre Doca, é nosso amigo?

– Como não? Vocês são meus amigos e eu sou um grande amigo de vocês. Por vocês, sou capaz de fazer qualquer coisa.

– Qualquer coisa?

– Qualquer coisa. Podem pedir. Faço qualquer coisa.

– Não acredito, mestre Doca.

– Como não? Sou grande amigo de vocês e de todos os outros. Do Genaro...do Dagoberto...do José de Paula...do Zé da Graxa...do doutor Monteiro...do...

– Está bem, mestre Doca. Mas hoje você não nos pareceu muito amigo, não.

– Não? E por quê? O que foi que eu fiz?

– Todos saíram muito chateados daqui, hoje.

– Chateados? Comigo?

– Com você, mestre Doca.

– Mas por quê?

– Você demonstrou não ter confiança neles e nem em mim e nem no Dimas.

– Não...?

– Não. Nós pedimos para você contar-nos a respeito do segredo da mata da fazenda do doutor Monteiro e você não quis nos contar. Você não acha que para os verdadeiros amigos, não deve haver segredos? Além do mais, se nos contasse, poderíamos mudar de idéia e não insistirmos mais com o doutor Monteiro quanto a transformar aquele lugar num ponto turístico. Mas você prefere falar com ele, primeiro...

– Não. Não fale assim. Eu sou amigo de todos. Não quero que se chateiem. Apenas não quis falar, porque se trata de um assunto muito delicado, que envolve a família do doutor Monteiro. Não se zanguem comigo.

– O pessoal ficou muito chateado e penso que, apesar de disfarçarem, não serão mais os mesmos com você, mestre Doca – diz Dimas, maldosamente.

Lágrimas escorrem dos olhos do velho.

– Não. Eu sou amigo de todos. De verdade. Chamem eles aqui. Conto tudo. Não tenho segredo para os amigos. Chamem o doutor Monteiro, também. Conto para todos. Para dona Nícea, também. Uma boa moça.

– Agora todos já foram embora, mestre Doca e não podemos chamar o doutor Monteiro a esta hora da noite.

– Mas e agora? O que é que eu faço? Não quero que fiquem magoados comigo.

– Vamos fazer o seguinte, mestre Doca – sugere

Alonso. – Vai dar-me um pouco de trabalho, mas vou ajudá-lo.

– Pois faça esse favor. Ajude-me. Não quero que meus amigos me vejam com outros olhos que não sejam os da amizade sincera. Como pode me ajudar?

– Vamos fazer o seguinte: você nos conta o que sabe e eu lhe prometo que, assim que chegar em casa, telefonarei para todos os outros dando a boa notícia. O que acha?

– Penso que é o melhor que posso fazer agora. Não quero perder os meus amigos.

– Muito bem, mestre Doca, então conte-nos tudo o que sabe.

O velho, então, cerra os olhos como quem procura situar-se nas lembranças e começa a falar:

– É uma história muito longa que fiquei sabendo através do avô de um grande amigo meu, o Pedro. Seu avô, de nome Tomé, foi escravo, quando criança, e morava na fazenda do doutor Monteiro que pertencia, na época, a um seu tetravô de nome Felisbino Monteiro e que conforme contava seu Tomé, era um homem muito ruim no tratamento com os escravos. Vivia castigando-os. Já ouviu falar das peias, viramundos e anjinhos? Anjinho era o pior deles. Eram aros que apertavam os dedos e...

– Já ouvi falar, mestre Doca, continue – diz Alonso, impaciente.

– Não me apresse e só estou contando porque são meus grandes amigos.

– E nós todos seremos mais amigos ainda, mestre Doca. Mas conte-nos tudo. Conte-nos.

– Certo. Então, o coronel Felisbino, que assim era tratado, resolveu que queria ficar mais rico do que já era.

– Como assim, mais rico do que já era?

– Pelo que nos contou Tomé, o coronel Felisbino descobriu ouro num aluvião do rio, perto da nascente, no paredão, lá na mata.

– Ouro?!!! – pergunta Alonso, com os olhos esbugalhados.

– Ouro, mestre Doca?!!! Ouro na fazenda do doutor Monteiro?! – pergunta, também, Dimas.

– Foi o que vocês ouviram. Ouro.

– E como ele extraía esse ouro? Mestre Doca, conte toda a verdade. Fale só a verdade.

– Eu só falo a verdade, meus amigos. Certo? Eu só falo a verdade.

– Sei, você só fala a verdade. O mestre Doca só fala a verdade, viu, Dimas? Só a verdade.

– Só a verdade – responde o velho, bastante embriagado. – Eu nunca falei uma mentira, mesmo quando...

– Por favor, mestre Doca, continue. Conte-nos como ele fazia isso.

– Dizia Tomé que lá tinha tanto ouro, que era só correr a bateia perto da margem do rio. Acontece que o coronel Felisbino era muito ambicioso e extraía o ouro às escondidas para que a corte não ficasse sabendo.

– Mas que safado! E esse tal de Tomé contou-lhe como ele fazia para manter isso em segredo?

– Sim. Tomé contou-me que o coronel Felisbino pegava os escravos e os levava para o meio da mata e fazia com que eles extraíssem o ouro até a morte. Como fazia isso no meio da mata, ninguém ficava sabendo.

– Mas e os escravos? Não contavam para ninguém?

– Não. Os escravos que trabalhavam na extração do ouro, eram levados para lá com os olhos vendados e de lá não mais saíam, primeiro, porque como a mata era muito fechada, não saberiam como retornar e, ainda, eram ameaçados. O coronel Felisbino os separava de suas mulheres e filhos que ficavam na fazenda. Os escravos, então, ficavam com medo de fugir porque se o fizessem, o coronel matava seus familiares.

– E quem tomava conta desses escravos? Devia ter feitores.

– Eram os negros mais fortes que também não saíam da mata, mas que tinham alguns privilégios como o de visitar a mulher e os filhos e de terem a promessa de um dia serem libertados. Só que, na maioria das vezes, eram mortos numa de suas visitas.

– Mas era, mesmo, muito ruim esse coronel Felisbino. Imagine... tetravô do coronel Monteiro, homem de coração tão bom – diz Dimas.

– Continue, mestre Doca e não o interrompa mais, Dimas. Mas diga-nos uma coisa, meu bom velho: o que o coronel fazia com o ouro?

– Ele guardava na caverna onde os escravos moravam.

– Caverna?! Nunca ouvi falar que houvesse uma caverna na mata.

– Dizia o negro Tomé que tinha uma caverna e que quando um escravo morria de tanto trabalhar, ele era jogado num buraco que lá existia e que era coberto por enorme pedra que eles carregavam e tapavam.

– E ele guardava o ouro na caverna, à mercê dos escravos?

– Ele mandou construir uma reforçada porta nos fundos da caverna, trancada com enorme cadeado.

– E o Tomé lhe disse o que acabou acontecendo com esse ouro todo?

– Diz que foi roubado.

– Roubado?! Como, mestre Doca?

– O Tomé quem contou. Ele era avô de meu amigo Pedro, sabe?

– Sei, mestre Doca. O Tomé era avô de seu amigo Pedro. Mas fale como o ouro foi roubado.

– Dizia ele que apareceu na fazenda um homem, de nome Ramires, que havia comprado uma fazenda vizinha e que estava visitando o coronel Felisbino. Ficaram muito amigos e, numa noite, o coronel, embriagado, acabou dando uma pista sobre a extração do ouro. Esse tal de Ramires, mais patife que o coronel Felisbino...

Nesse momento, mestre Doca sente forte arrepio que lhe balança todo o corpo.

– O que foi, mestre Doca? Não está se sentindo bem? – pergunta Alonso, preocupado, tamanho o pulo que o velho deu no banco.

– Foi só um arrepio. Parece que o Espírito desse tal de Ramires passou por aqui.

– Não passou nenhum Espírito por aqui, meu amigo. Isso não existe.

– Não existe? Vou lhe contar uma coisa...

– Continue a nos contar sobre o ouro, mestre Doca. E o que fez esse Ramires?

– Ramires conseguiu descobrir o segredo do coronel e começou a ameaçá-lo. Queria parte do ouro ou contaria toda a verdade à corte.

– E daí?

– Daí, conforme contou-nos Tomé... Tomé era o avô de meu amigo Pedro...

– Sim, avô de seu amigo Pedro.

– Não tem mais cerveja, seu Alonso?

– Vai devagar – diz Dimas, servindo-lhe mais um copo. – Não quero que morra de tanto beber e nem que durma antes de contar-nos tudo o que sabe.

– Daí, Tomé contou-nos que aconteceu muita coisa junta contra o coronel. Foi numa noite quando um dos feitores descobriu que o coronel Felisbino havia mandado matar o seu irmão, que também era feitor. Ficou com muito ódio e, de volta para a mata, conseguiu convencer os outros negros a amotinarem-se. O que fizeram, então? Arrebentaram a porta onde se encontrava escondido o ouro e, retirando a tampa do buraco onde os cadáveres dos escravos eram atirados, ali jogaram todo o ouro, que se perdeu nas entranhas da terra a muitos metros de profundidade. Porém, quando estavam nos últimos sacos de ouro, apareceu Ramires com muitos homens que, armados até os dentes, sacrificaram todos os escravos, jogando-os também no buraco, fugindo em seguida, levando o restante do ouro que encontraram.

– E depois?

– Sim, e depois? – pergunta Dimas. – O que aconteceu com o ouro?

– Do ouro que Ramires levara, Tomé não sabia.

Agora, com relação ao ouro que foi jogado no buraco, disse ele ter se perdido, porque era muito profundo.

– Mas deve estar lá esse ouro todo. No fundo do buraco.

– Tomé disse que o buraco era muito fundo, mesmo. Muitos e muitos metros e que seria impossível resgatá-lo.

– Isso é verdade. Mas e depois?

– O coronel Felisbino ficou na miséria porque não havia mais ouro no rio e nesse afã de enriquecer-se apenas com o metal, descuidara-se da fazenda e de sua produção. Por esse motivo, endividou-se muito e acabou morrendo, assassinado por um dos escravos e feitor.

– E como a fazenda continuou com a família? – pergunta Alonso.

– Pela enorme força de vontade e pujança da esposa do coronel, dona Emerenciana, que, ao contrário do marido, era uma pessoa muito boa.

– E ela sabia dos atos do marido e do que lhe fizera Ramires?

– Sim. Apesar de não aprovar o que o coronel fazia e tentar sempre demovê-lo de suas atitudes para com os escravos, este lhe contava tudo o que acontecia. Quando ficou sabendo do ocorrido na caverna, através de um escravo que conseguira fugir do massacre e voltar para a fazenda, depois de passar muitos dias perdido na mata, fez com que a mata ficasse intocável e assim se encontra até os dias de hoje.

– Mas ela não se interessou em continuar a extrair ouro do rio e nem de procurar saber se havia mais nos fundos do buraco e mesmo na caverna?

– Disse Tomé que, auxiliada pelos escravos da fazenda, conseguiu recuperar algumas poucas pepitas que a auxiliaram a saldar dívidas que o marido havia contraído e que passara tão-somente a explorar a fazenda, dando uma vida mais digna aos escravos, que aprenderam a amá-la e respeitá-la.

– E quanto a Ramires?

– Acabou gastando boa parte do ouro em grandes festas até que, descoberto seu paradeiro por dona Emerenciana, que alegou à corte desconhecer, até aquele momento, as atividades do falecido marido, foi por ela denunciado, seus bens confiscados e amargou o resto de seus dias na prisão.

– E por que você quer que a mata continue preservada e que ninguém chegue perto dela?

– Porque receio que as pessoas descubram algum brilho de ouro em alguma parte da caverna e que isso provoque uma corrida de aventureiros para este lugar.

– Entendo. E você sabe onde fica essa caverna, mestre Doca? Já chegou a ir lá alguma vez?

– Sei onde fica, mas nunca fui verificar.

– E por que, mestre Doca?

– Porque Tomé pediu segredo a mim e a seu neto e aconselhou-nos a nunca ir até lá. Dizia ele que os Espíritos dos escravos mortos assombravam aquele local.

– Mas você tem certeza de que essa história é mesmo verdadeira, mestre Doca? Nunca vi nenhuma caverna naquele local. Você sabe onde ela se localiza?

– Não. Tomé não soube ou não quis contar-nos. Falou que estaria muito bem escondida e disfarçada.

– E por que nunca contou nada ao doutor Monteiro?

– Pelo mesmo motivo que lhe falei. Receio que ele próprio venha a interessar-se em tentar procurar ouro.

– E isso não seria bom? Se ouro fosse encontrado, a cidade seria mais rica, mestre Doca.

– Seria o caos, seu Alonso, e tenho certeza de não existe mais ouro naquele rio. Desde que comecei a trabalhar na fazenda, por uns dez anos, sempre que podia, ia até o rio, às escondidas, e corria a bateia. Nunca encontrei nada.

– Entendo. Bem, mestre Doca, acho que você não deve contar nada ao doutor Monteiro. Afinal de contas, ele não gostará de saber que você ia lá, às escondidas.

– Penso que tem razão. Nada falarei a ele.

– Isso mesmo, mestre Doca. Não fale a ninguém sobre esse ouro. Realmente, será o melhor para todos – pede Alonso, pretendendo pensar melhor sobre o assunto, antes que o doutor Monteiro viesse a saber disso tudo.

XV

– O senhor quer falar comigo, professor Enzo?

– Sim, Zé da Graxa, mas pode chamar-me, simplesmente, de Enzo.

– Pois estou às suas ordens, Enzo.

Enzo e Zé da Graxa sentam-se, então, em um banco da praça, debaixo de frondosa árvore e, após curtas considerações sobre o tempo e rápida apresentação um ao outro, Enzo inicia a conversa que o trouxera até àquele lugar.

– Diga-me uma coisa, Zé: você entende alguma coisa a respeito de fenômenos...digamos...espíritas?

– Fenômenos espíritas?

– Sim. Disseram-me que você é um estudioso da Doutrina Espírita.

– Bem, na verdade, interesso-me pelo assunto e já li muito a respeito, apesar de nunca ter participado de nenhuma reunião mediúnica e muito menos presenciado qualquer tipo de fenômeno.

– Mas eles existem dentro do Espiritismo...

– Veja bem, Enzo, eles existem porque existem e não dentro do Espiritismo. A Doutrina Espírita, ditada pelos Espíritos, é que explica-nos de uma maneira mais inteligente, lógica e correta. Mas poderia dizer-me qual seu interesse nisso?

– Sim, vou lhe dizer.

E Enzo conta-lhe tudo o que presenciara na fazenda do doutor Monteiro, inclusive toda a conversa que tivera com Nícea a respeito dos fenômenos que por lá ocorrem, inclusive alguns na mata. Zé da Graxa, então, pensa um pouco, olha fixamente para Enzo e diz:

– Se você puder dispensar alguns minutos de seu tempo, gostaria de lhe traçar algumas considerações preliminares antes de entrar nesse assunto propriamente dito.

– Fique à vontade, Zé. Terei imenso prazer em ouvi-lo.

– Bem, vamos começar pelo começo. Os fenômenos espíritas, ou melhor, a influência do mundo espiritual em nosso planeta existe desde a mais remota antigüidade e eram percebidos pelos mais antigos religiosos, entretanto, foi no século passado que eles começaram a ser mais notados pelo povo. Eram ruídos, pancadas e batidas inexplicáveis, inclusive movimentação de objetos que, em pouco tempo, foram considerados oriundos de alguma força desconhecida, porém inteligente.

– Como os sons que Nícea ouve, os sons do chinelo e o dardo que foi arremessado ao alvo?

– Isso mesmo e, principalmente nos anos de 1.853 a 1.855, esses fenômenos acabaram se tornando um tipo de passatempo em reuniões de salão, quando passaram a utilizar-se o que chamavam de “mesas girantes”.

– Mesas girantes?

– Sim. A “mesa girante” era uma pequena mesa com tampo redondo, com uma coluna ao centro e que se apoiava no chão por meio de três pés.

– Sei do que está falando.

– Pois bem. As pessoas sentavam-se ao redor dessa pequena mesa, colocando as mãos espalmadas por sobre ela. Dessa forma, a mesa adquiria o que se costuma chamar de uma vida factícia, movimentando-se em todos os sentidos e, muitas vezes até, elevando-se no ar como se estivesse flutuando. E as pessoas descobriram que, se fizessem perguntas a essa mesa, ela lhes respondia através de pancadas com o pé.

– Respondia com o pé? O pé da mesa?

– Sim. Ela batia o pé a pequenos intervalos, convencionando-se corresponder o número de batidas com uma letra do alfabeto. Por exemplo: uma batida representava a letra “A”, oito batidas, a letra “H” e, dessa maneira, juntando-se as letras, formavam palavras e sentenças. As pessoas, dessa maneira, conversavam com a mesa. Faziam-lhe perguntas e esta lhes respondia. É evidente que as perguntas eram de uma grande frivolidade e, conseqüentemente, as respostas também o eram. Na verdade, encaravam aquilo como uma brincadeira que não entendiam. Foi, então, que um renomado e respeitadíssimo professor, escritor de vários livros pedagógicos e profundo pesquisador, de nome Hippolyte Léon Denizard Rivail, que depois adotou o pseudônimo de Allan Kardec...

– Por que Allan Kardec? – pergunta Enzo.

– Porque um Espírito, de nome Zéfiro, revelou-lhe que esse teria sido o seu nome, em outra reencarnação, na Gália, quando ele vivera como um sacerdote druida.

– Já ouvi uma boa explicação de Dagoberto a respeito da reencarnação. Inclusive contou-me ele o que você lhe explicou lá na barbearia no dia da morte de Jorjão.

– Ah, sim. Mas como estava dizendo, Allan Kardec, após ter assistido, a convite, uma dessas reuniões, resolveu levar avante séria pesquisa a respeito, pois percebera uma inteligência desconhecida a movimentar a mesa. Só que não mais perguntas frívolas eram feitas à força inteligente que movia a mesa, mas sim questões de grande seriedade, tratadas com profundo cunho científico e, desta feita, as respostas eram também sérias e reveladoras, mesmo porque os Espíritos que respondiam a Kardec eram, agora, Espíritos Superiores e não Espíritos que se prestavam a brincadeiras de salão. Allan Kardec trabalhava com muita organização, fazendo perguntas que, ao serem respondidas, eram anotadas. Foi então que, de posse dessas perguntas e respostas, compilou-as num livro que lançou em 1.857, denominado *O Livro dos Espíritos*. O mais importante disso tudo é que o Espiritismo não é uma doutrina criada pelo homem e, sim, revelada pelos Espíritos. E, da mesma maneira, pelo mesmo método e com o auxílio, também, de médiuns, editou outras obras importantíssimas, como *O Livro dos Médiuns*, *O Evangelho Segundo o Espiritismo*, *O Céu e o Inferno* e a *A Gênese*. Fundou, também, uma revista denominada *Revista Espírita, Jornal de Estudos Psicológicos* e um pequeno livro intitulado *O que é o Espiritismo*. Allan Kardec devotou-se tanto à divulgação do Espiritismo, termo este de sua autoria que, após a sua desencarnação, foi possível lançar o livro *Obras Póstumas* com todo o material que tinha deixado para publicação.

– E como essa doutrina descreve o mundo dos Espíritos e o que vem a ser, realmente, essa tal de reencarnação que, pelo que sei, é a base do Espiritismo?

– Uma pergunta de cada vez, Enzo.

Nesse momento, o doutor Prado que vem vindo do hospital em direção à sua residência e, atravessando pela praça, vem ter com os dois.

– Boa tarde, Enzo. Boa tarde, Zé da Graxa.

– Boa tarde, doutor Prado. Não quer sentar-se? Estávamos aqui a iniciar uma conversa sobre reencarnação e fenômenos espirituais.

– Você me parece bastante interessado nisso, Zé. Espero que não esteja incomodando demais o professor.

– De maneira alguma, doutor Prado, – responde Enzo, antes do rapaz – pois fui eu mesmo quem procurou o nosso amigo aqui para que me elucidasse alguns pontos dessa Doutrina Espírita.

– Ultimamente parece que só se fala nisso. Pelo menos, a peça desse circo que está na cidade, tem um enredo espírita. Aliás, dizem, a maioria dos artistas são espíritas e que, inclusive, realizam reuniões espíritas após o espetáculo.

– É verdade – confirma Zé da Graxa.

– Para o público? – pergunta Enzo.

– Não sei, Enzo. Estive ontem no circo conversando com o senhor Torres que é um grande conhecedor da Doutrina Espírita e que, vendo o meu interesse pelo assunto, convidou-me a participar de uma das reuniões, mas não sei se ela estaria aberta para quem dela quisesse tomar parte.

– Bem, vou deixá-los a sós, ou melhor, bem acompanhados pelos bons Espíritos de Zé da Graxa.

– Deus queira, doutor Prado. Deus queira – pede o rapaz, fazendo um gesto com as mãos em direção ao Céu.

– Mas você estava falando...

– Oh, sim. Eu dizia: uma pergunta de cada vez.

– Desculpe-me, Zé. Fale-me, então, primeiro, a respeito do Espírito.

– Muito bem. Vamos lá. Pelo que estudei e, pode crer, tenho hoje plena convicção, o Espírito é criado por

Deus, simples e ignorante, com a missão de depurar-se na prática do bem, para poder galgar planos mais elevados, através das diversas encarnações, como Dagoberto deve ter-lhe falado.

– Correto.

– Agora, o que acontece é que os Espíritos, quando desencarnam, não abandonam os seus hábitos, seus desejos, suas fraquezas, seus vícios e mesmo suas virtudes. Passam, então, a habitar, no "lado de lá", planos inferiores ou superiores, dependendo de suas índoles boas ou más. E convivem com seus afins, ou seja, convivem com os Espíritos Superiores ou inferiores, em lugares de aprendizado e de trabalho em benefício do próximo ou em lugares de sofrimento e trevas, geralmente, escravizados a entidades malignas e inimigas do Bem, que os fazem trabalhar em missões obsessivas aos encarnados.

– É impressionante...

– Mas muito lógico. A simples mudança de plano não altera a condição moral do Espírito e, dessa forma, os mais poderosos na maldade e na ascendência mental, acabam governando os mais fracos na busca da satisfação de insanos desejos. Em mal se comparando, apenas para se ter uma idéia, veja o que ocorre nas penitenciárias onde sempre existem os chefes de verdadeiras quadrilhas internas, a escravizar os mais fracos.

– Entendo.

– O que comumente ocorre, também, são as

obsessões praticadas por Espíritos desencarnados a encarnados por causa de fortes sentimentos de ódio e de vingança oriundos do passado. Outras entidades desencarnadas, muitas das vezes, nem se apercebem quando desencarnam, passando a viver como se estivessem sonhando com o que lhes está acontecendo, num estado de verdadeiro torpor e ficam a perambular junto a pessoas e coisas que lhes são afins. Doutras vezes, ficam passando por momentos horríveis, geralmente ligados ao momento de suas mortes, principalmente, se desencarnaram por suicídios ou por atos menos dignos. Quantos, então, ficam a viver junto daqueles a quem amam, de maneira possessiva e egoísta, prejudicando-os com suas presenças. É evidente que um dia serão auxiliados, assim que se livrarem de todo o orgulho, de toda a vaidade e de todo o egoísmo, rogando, humildemente, o auxílio de Deus. Geralmente, as reuniões mediúnicas realizadas pelos espíritas têm a finalidade de os auxiliarem pois, através de um médium, conseguem conversar com eles e encaminhá-los para um novo caminho, fazendo-os compreender as verdades da vida. Fazem-nos, inclusive, visualizar Espíritos amigos que irão auxiliá-los, pois como já disse, muitas vezes pensam que estão ainda vivendo no plano terrestre.

– E quanto a essa vida espiritual em outros planos da existência?

– Os Espíritos nos ensinam, através de obras psicografadas, principalmente aquelas que nos vieram através da mediunidade psicográfica de Francisco Cândido

Xavier, que tudo o que existe no Universo é formado pelo fluido cósmico, também chamado de fluido universal, que é o elemento primordial. Diz o Espírito André Luiz, no livro *Evolução em Dois Mundos*, que o fluido cósmico é o plasma divino, hausto do Criador ou força nervosa do Todo-Sábio e que nesse elemento vibram e vivem constelações e sóis, mundos e seres, como se fossem peixes no oceano.

– Fluido universal?

– Sim, e que nada mais é do que energia. Aliás, toda matéria nada mais é do energia tornada visível. Para você ter uma idéia da importância desse fluido universal, os átomos e seus elétrons, prótons e nêutrons são constituídos por ele. Conseqüentemente, nossos corpos são constituídos por átomos que, por sua vez, são constituídos pelo fluido universal e que vibram numa faixa vibratória própria deste nosso plano. Os Espíritos desencarnados são revestidos de seus perispíritos que, por sua vez, também são constituídos por átomos formados pelo fluido universal, só que em outra faixa vibratória.

– Como se fossem dimensões diferentes.

– Podem ser chamadas dessa maneira.

– E o que significa perispírito?

– Perispírito é o que une o Espírito ao corpo e que acompanha, ou melhor, que continua a revestir o Espírito no momento em que o seu corpo material morre. Seria o corpo do Espírito no mundo espiritual. É assim que os

Espíritos podem se tocar e sentir tudo o que existe nesse seu mundo que, assim como aqui, é formado pelo fluido universal, em outra vibração, logicamente.

– E como podem movimentar objetos, emitir ruídos, pancadas ou sons de chinelos, por exemplo?

Nesse momento, um carro estaciona no meio-fio próximo ao banco em que se encontram sentados.

– Oi, Enzo, estava procurando por você – cumprimenta Nícea, descendo o carro e dirigindo-se até os dois.

– Boa tarde, Zé da Graxa.

– Boa tarde, dona Nícea.

– Mas que boa vida a de vocês dois, não? – brinca a moça, apesar de Enzo perceber-lhe um ar de preocupação na fisionomia.

– Aconteceu alguma coisa, Nícea? – pergunta-lhe Enzo.

– Bem, para falar a verdade...

– Os fenômenos novamente?

– Sim, Enzo.

– Pode nos contar, Nícea. Zé da Graxa estava justamente dando-me uma boa explicação sobre Espiritismo e ia começar a falar a respeito desses fenômenos.

– Quando você saiu, resolvi andar um pouco a cavalo e fui até a mata e pareceu-me ouvir vozes a chamar-me para dentro dela. Fiquei com medo e voltei rapidamente. Você a conhece, não, Zé da Graxa?

– Já estive uma vez lá.

– O Enzo falou-lhe a respeito do episódio do dardo?

– Falou, dona Nícea.

– Pois bem. Comentei, também com Enzo, que muitos acontecimentos estranhos já ocorreram naquela mata, à noite.

– Que tipo de fenômenos?

– Certa feita, ouvi sons de pessoas que caminhavam e conversavam, quer dizer, parecia mais um sussurro, dirigindo-se em direção a mim e ao Benedito que me acompanhava naquela ocasião. Ficamos, então, aguardando a chegada daquelas pessoas que nem tínhamos idéia de quem poderia ser, já que ninguém tem autorização para embrenhar-se por lá.

– Entendo...

– O som das vozes e dos passos foram aumentando e chegamos, Benedito e eu, a ver folhas a balançar-se à nossa frente como que movidas pela aproximação daquele grupo que, pelo volume de voz, parecia-nos ser formado por pelo menos umas dez pessoas. E eis que, de repente, as vozes se calaram e tudo ficou imóvel na mata, como se nada tivesse acontecido. Ainda cheguei a gritar pelas pessoas para que se aproximassem, mas nada mais ouvimos. Se alguém tivesse chegado até lá por aquele emaranhado de folhas e vegetações, das mais diversas, logicamente as ouviríamos retornar. Mas nada mais se mexeu. Ficamos, eu e Benedito, lívidos e pasmados de medo a olharmo-nos um para o outro sem saber o que fazer.

– Quer dizer que Benedito também ouviu as vozes?

– Sim. De outra vez, à noite, quando estávamos, eu e papai, de jipe, chegando bem próximos da mata, ainda no pasto, um cupinzeiro, aquele pequeno monte de terra dura que se forma no pasto pelas formigas, começou a incendiar-se e papai, que estava comigo, desceu do carro e apagou-o com o extintor de incêndio.

– Uma combustão sem motivo aparente.

– E a semana retrasada, fui atingida por uma chuva de sementes.

– Chuva de sementes?

– Sim. Sementes de uma determinada espécie de árvore e que somente se libertam da vagem quando esta cai da árvore.

– Eu conheço.

– Pois bem, essas sementes me atingiram como uma chuva a vir do alto, mas eram em grande quantidade. E mais vezes coisas estranhas ocorreram na minha presença, como ruídos os mais estranhos na mata, sombras a se moverem, o mesmo ocorrendo em minha casa, lá na fazenda. O interessante é que esses fenômenos somente ocorrem quando estou por perto. Quando estava na capital, nada acontecia por aqui.

– E na capital? Acontecia alguma coisa?

– Não, somente na fazenda. Apenas uma vez ocorreu algo quando estava assistindo a uma missa, num domingo.

– E o que aconteceu?

– Quando cheguei na igreja, antes de sentar-me num dos bancos, coloquei uma flor em um pequeno vaso ao lado da imagem de uma santa que se encontrava em um altar bem ao lado do banco. Tenho absoluta certeza de que ninguém aproximou-se daquele local, pois eu me sentara na extremidade do banco, bem próxima à imagem. Poucos minutos após ter-me sentado, volvi o olhar para aquele altar e qual não foi a minha surpresa quando vi que o pequeno botão de rosa não se encontrava mais no vaso e, sim, aos pés da imagem.

– Você saberia nos explicar o que ocorre e como acontecem esses fenômenos?

– Sim, quer dizer, vou lhes dizer como se encontra explanado n'*O Livro dos Médiuns*, de Allan Kardec. Aliás, vamos fazer melhor. Estou sabendo que o senhor Torres do circo é um profundo conhecedor da Doutrina Espírita, além de ser um médium vidente. Por que não vamos até ele? Tenho certeza de que poderá nos dar uma explicação melhor sobre o assunto.

– O que você acha, Enzo?

– Não temos nada a perder.

– Você o conhece, Zé?

– Como já disse ao Enzo, estive ontem com ele no circo e, inclusive, fui convidado a participar de uma reunião espírita.

– Vamos, então – resolve Nícea.

XVI

– Doutor Monteiro! Doutor Monteiro! – chama Benedito, o empregado da fazenda, bastante espavorido, à porta do escritório.

– O que foi, Benedito? Que agitação é essa? O que aconteceu?

– Venha comigo, doutor, ou melhor, se o senhor puder, vamos de camioneta.

– Vamos onde, Benedito? Acalme-se, homem. Você parece que viu fantasmas. Conte-me o que aconteceu.

– Lá na mata, patrão. Lá na mata.

– O que tem na mata?

– O senhor não vai acreditar.

– Fale, homem de Deus!

– Na camioneta, patrão. Na camioneta.

– Tudo bem, Benedito, vamos lá. Suba na camioneta.

Os dois dirigem-se, então, até a garagem e é somente

quando já estão partindo em direção à mata que Benedito pronuncia-se.

– Não queria falar na frente dos outros, patrão.

– Falar o quê? Deixe de mistérios, agora, Já estou começando a ficar preocupado e nervoso. Aconteceu alguma coisa a alguém?

– Não, patrão, não aconteceu nada.

– Então, fale, homem! Pelo amor de Deus!

– O senhor não vai acreditar. Eu estava atrás de uma vaca desgarrada do rebanho e fui ter lá pelos lados da mata, onde a teimosa resolveu se embrenhar, bem no canto do paredão. Veja como estou todo molhado.

– Tudo bem, Benedito, mas o que aconteceu, realmente? Não precisa contar toda a história.

– Como eu estava dizendo, quando consegui espantar a vaca de volta para o começo da mata...veja bem que eu estava perto do paredão...

– Sim, Benedito...

– Tchibum! Caí dentro do rio.

– Você caiu dentro do rio?

– Caí, patrão, e para não me afogar, pois não sei nadar muito bem, agarrei-me na raiz de uma árvore que se encontrava dentro do rio e fui me puxando.

– Mas que perigo, Benedito!

– Pois é, doutor. Aí que aconteceu.

– E o que aconteceu, homem?

– Acontece que a raiz era de uma árvore que se encontrava encostada no paredão e, dessa maneira, fui obrigado a ir agarrando e seguindo a raiz até lá. E não é que a raiz passava por detrás daquela grande pedra, totalmente recoberta de folhagens, na frente do paredão? O senhor sabe como é aquilo lá...cheio de mato e raízes que caem da mata.

– Sim, Benedito! E daí? – pergunta doutor Monteiro, preocupado com o perigo por que o homem passara, pois aquelas pedras, inclusive as do fundo do rio, eram muito pontiagudos e escorregadias.

– Bem, eu pedi ajuda ao meu santo protetor, tomei coragem e, ainda agarrado à raiz, contornei a grande pedra, saindo entre ela e o paredão. Foi aí que descobri. O senhor não vai acreditar.

– E o que descobriu, Benedito?

Nesse momento, a camioneta chega ao limite da mata. O doutor Monteiro estaciona o veículo e descem.

– Venha, doutor. Venha. Por aqui – diz o homem, indicando a trilha que leva até o local.

– O que você vai me mostrar?

– Mostrar não vai dar, agora, patrão. O senhor não vai querer entrar lá, não é?

– Entrar onde?

– Vou, apenas, lhe contar.

– Então conte, Benedito.

– Veja, doutor – diz o empregado, apontando para o local onde se encontra a grande pedra, totalmente coberta de plantas e raízes, a cerca de uns cinqüenta metros à frente. – É lá.

– Espere um pouco, Benedito – interrompe o fazendeiro, já um pouco irritado com tanta embromação do homem – Vamos parar aqui e quero que você me conte o que aconteceu de um só fôlego.

– Pois não, doutor. Como estava dizendo, quando passei por detrás da grande pedra, adivinhe o que foi que eu descobri.

– Um paredão, Benedito.

– Não, patrão. Uma caverna.

– Uma caverna?!

– Sim, uma grande caverna dentro da rocha. A entrada é apenas um buraco de metro e meio de circunferência, mas lá dentro, calculo que tenha uns seis metros de altura.

– E você entrou lá, Benedito?

– Fiquei com medo, doutor. Avancei apenas uns quatro metros em seu interior.

– Quatro metros? E como é ela?

– O chão é um pouco irregular, mas dá para andar e como lhe disse, só não avancei mais porque fiquei com muito medo, mas pela escuridão lá dentro, fiquei tentando imaginar o quanto teria de extensão. Então, o que foi que eu fiz? Apanhei uma pedra, um pouco menor que a minha mão e a atirei para a frente. Patrão! Ela demorou para atingir alguma coisa e nem sei se foi o fundo da caverna porque pode ter sido alguma parte da parede lateral que naquele ponto possa ter estreitado, ou mesmo, alguma rocha no caminho dela. Comecei, então, a atirar mais pedras e pude perceber que ela...olha...imagino que tenha uns... sei lá... talvez... uns bons vinte metros de extensão e também não sei se em seu fundo possa ter mais alguma passagem.

– E qual a largura da entrada, Benedito?

– Já lhe disse: apenas um buraco de metro meio de circunferência. Essa primeira parede, a do buraco de entrada, calculo que tenha uns cinqüenta centímetros de espessura. Mas lá dentro é bem grande.

– Sei...e estava muito escuro?

– Estava sim e só pode ser porque deve ser muito funda. Somente dava para ver algumas rochas.

– Muito interessante, mas diga-me uma coisa, Benedito: não tem como entrar nela sem ser por detrás dessa pedra?

– Só se colocarmos alguns troncos apoiados na margem do rio, bem encostado no paredão e que eles possam apoiar-se na entrada da caverna, do outro lado.

– Vamos lá ver.

Dizendo isso, o doutor Monteiro e Benedito dirigem-se em direção ao paredão, bem ao lado da grande pedra. O fazendeiro encosta a cabeça na parede de rochas, na tentativa de ver a entrada da caverna, mas não o consegue porque a vegetação é muito espessa ali.

– Daqui não dá para ver nada, Benedito. A vegetação não deixa.

– Por isso que ninguém nunca soube de sua existência, patrão. Agora, se colocarmos algumas toras de madeira apoiadas aqui neste barranco e apoiarmos as outras extremidades bem naquela direção, onde calculo seja a entrada, poderemos descer pelos troncos e alcançar a caverna. É lógico que teremos que passar pelo meio daquelas raízes todas e de toda aquela folhagem.

– Teríamos que fazer um corrimão, Benedito, para podermos nos segurar.

– Pode ser uma corda bem esticada, doutor.

– Mas quando que eu poderia imaginar...

– O senhor quer que eu providencie os troncos, doutor? Posso chamar mais uns três peões para me ajudar.

– E como vocês vão conseguir colocar a outra extremidade do tronco na entrada dessa caverna?

– Essa entrada está um pouco avançada em direção ao rio e bastará que se prenda uma das pontas do tronco no barranco, com ele em pé, e se tombe a outra ponta em direção à entrada. E se for preciso, o Mané, que é bom na água, pode ir até lá, amarrado numa corda, por segurança.

– Você tem certeza de que não haverá perigo, Benedito?

– Pode ficar tranqüilo, doutor. Se me autorizar, começo agora mesmo. Podemos usar alguns daqueles troncos que estão caídos lá na entrada da mata.

– Não são muito finos?

– Não, senhor. Colocaremos vários deles e depois de colocados, amarraremos uns aos outros.

– Tudo bem, então, Benedito. Providencie isso, mas, por favor, por enquanto gostaria que guardasse segredo disso. Peça aos homens que o ajudarem que quero absoluto sigilo sobre a existência dessa caverna. Por isso, escolha bem os seus homens. Outra coisa: apenas afaste um pouco as raízes e as plantas, amarrando-as para formarem uma passagem. Não quero que destruam nada, pois, se for o caso, teremos que deixar tudo escondido.

– Pode ficar tranqüilo, patrão. O doutor viu que eu não quis falar na frente de ninguém, lá na fazenda.

– Pois fez muito bem. E quanto tempo acha que poderá levar para construir essa pequena ponte?

– Calculo um dia e meio, doutor.

– Muito bem, vamos voltar, então, e comece hoje mesmo.

– Começarei hoje mesmo. Ah, outra coisa, patrão...

– Fale.

– Se o doutor pretende entrar nessa caverna, seria bom que providenciasse capacete e iluminação. Lanternas, talvez.

– Já estava pensando nisso, Benedito, mas bem lembrado por você.

XVII

– Meus irmãos, hoje terminamos a montagem da lona e gostaria de falar a todos sobre algo que está, sobremaneira, preocupando-me e a alguns outros integrantes desta nossa atividade onde o Plano Superior tanto tem nos favorecido a fim de podermos divulgar a Doutrina Espírita por todos os rincões deste estado e, temos certeza absoluta, ainda cruzaremos muitas fronteiras levando o Espiritismo a todo este nosso país.

É Torres quem fala a todos os componentes do teatro, após o término da montagem do circo num grande terreno que a prefeitura de Santelmo cedeu para a apresentação dos espetáculos, após sentida oração de agradecimento. Nesse exato momento chegam Enzo, Zé da Graxa e Nícea, que permanecem a observar e a ouvir as palavras de Torres.

– Nenhum de nós desconhece, meus irmãos, a investida que sempre temos sofrido por parte dos Espíritos das trevas, inimigos de Jesus, durante toda a nossa caminhada, desde que abraçamos este ideal da divulgação através do teatro. São irmãos nossos, desencarnados, que, infelizes que se encontram por não terem tido a fé suficiente e a humildade necessária, revoltaram-se contra Deus, nosso pai e tentam dificultar, por todos os meios, a difusão das palavras de nosso mestre Jesus. Sabemos, também, que não agem de maneira empírica, aleatória ou individualmente. Agem, sim, de maneira ordenada, pois que são verdadeiras organizações a serviço do mal, possuindo líderes muito inteligentes que sabem como atacar-nos de maneira eficaz. Conhecem o nosso íntimo. Têm ciência dos nossos desejos mais ocultos, de nossas aspirações e, também, de nossos defeitos e de nossas fraquezas morais. E é essa a tática que se utilizam para minar o nosso ânimo, o nosso sentimento idealista que requer de todos nós um estado de espírito tranqüilo e pacífico, onde a paciência, a tolerância e o amor ao próximo devem ser uma constante em nossos corações.

– E essa investida está ocorrendo com muitos de nós ultimamente, não é, irmão Torres? – pergunta um dos integrantes.

– É o que temos notado e todos aqueles que têm passado por dificuldades, por intranqüilidades e por sentimentos de insegurança, devem ter se apercebido disso, também. Cada um sabe do que estou falando. Quantos aqui, presentes, não têm sentido, nestes últimos dias, os mais variados sentimentos inferiores, como a inveja, o ciúme, a intolerância, aimpaciência, outros desejos menos dignos, inexplicáveis e infundados temores, depressões? Não é verdade?

Quase todos os presentes abaixam os olhos e movimentam levemente a cabeça no sentido vertical, em visível sinal afirmativo.

– E esse é o motivo desta reunião, meus irmãos. Quero pedir a todos que procurem estar sempre em oração e vigilância. Vigiem seus corações, seus sentimentos, procurando localizar, em todas as preocupações e temores, aqueles pensamentos infelizes que sabemos não serem frutos de nossa alma, eis que possuímos todo o conhecimento doutrinário e a fé necessária para que ali não se instalem. Toda e qualquer perturbação não pode ser originária de nossa mente e não devemos nos esquecer nunca de que os Espíritos Superiores que dirigem todo este nosso trabalho estão sempre ao nosso lado, prontos a nos auxiliar, porém é extremamente necessário que nos coloquemos em posição de receber toda essa ajuda. Oremos nos momentos difíceis e a Luz, certamente, nos libertará de nossos conflitos internos. Confiemos e não decepcionemos os Irmãos Maiores que tutelam os nossos passos nesta empreitada de amor que abraçamos, onde procuramos semear o Bem e a Verdade.

– Irmão Torres, por favor, explique-me uma coisa: – pede um dos componentes do circo – por que nossos Amigos Espirituais, nossos Irmãos Maiores permitem que Espíritos das trevas tenham acesso a nós?

– Em primeiro lugar, Laerte, nós é que permitimos o assédio desses nossos infelizes irmãos onde, na maioria das vezes, somos nós mesmos a atraí-los e, nesses casos, nossos Amigos Superiores nada podem fazer. E é muito fácil de entender-se isso. Tente você convencer alguém de que ele está no caminho errado. Se esse alguém estiver disposto a continuar trilhando esse caminho, dificilmente o convenceremos do contrário. Agora, se esse mesmo alguém estiver disposto a ouvir os seus argumentos, certamente mudará de rumo. Aliás, é o que comumente ocorre com a maioria das pessoas, quase sempre vítimas de seus inimigos do passado. Instadas que são a cometer deslizes condizentes com a sua índole, dificilmente conseguirão aceitar as benéficas intuições dos Espíritos amigos que as querem auxiliar. Entendeu?

– Entendi perfeitamente.

– Agora, muitas vezes, os nossos Amigos Espirituais procuram não interferir em tudo para que possamos aprender com as nossas próprias dificuldades. Então, meus irmãos, encerro aqui esta reunião, pedindo a todos que não se esqueçam de orar e vigiar. Oremos para que Jesus nos ampare e vigiemos o nosso coração e a nossa alma. A propósito, ensaio geral esta noite. Após, teremos nossa reunião mediúnica.

Após a explanação de Torres, cada integrante do circo dirige-se a seus afazeres, deixando-o a sós à frente do palco e é nesse momento que Zé da Graxa aproxima-se e, cumprimentando-o, apresenta Enzo e Nícea.

– É um grande prazer conhecê-los. Dona Nícea, peço que leve a seu pai os nossos maiores agradecimentos por todo o apoio que tem nos dado na montagem de nosso espetáculo nesta cidade que, em apenas dois dias já mora no coração de todos do circo. O povo nos tem dado provas de muita fraternidade.

– Nós é que lhes agradecemos – diz Nícea.

Seu Torres, então, convida-os a conhecerem as dependências do circo, retornando ao palco, onde alguns trabalhadores dão os últimos preparativos no cenário.

– Mas venham. Vamos nos sentar naquelas cadeiras – sugere o homem. – Meu amigo Zé da Graxa diz que gostariam de fazer-me algumas perguntas a respeito da Doutrina Espírita.

– Sim – confirma Enzo. – Gostaríamos que nos explicasse alguma coisa a respeito de alguns fenômenos que estão ocorrendo com Nícea, inclusive cheguei a presenciar dois deles.

– E do que se trata?

Nícea, então, conta tudo a Torres, após o que, os três permanecem atentos, à espera da palavra do médium.

– Bem, pelo que me disseram, já sabem que tudo o que existe no Universo é formado pelo fluido universal. Muito bem. Vou explicar-lhes, então, inicialmente, o que acontece com a mesa girante, pois partindo dessa explicação, poderão entender o que ocorre com a animação de outros objetos. Existem vários tipos de mediunidade e uma delas é a de efeitos físicos. No caso da mesa, é necessário que se encontre presente nas imediações esse tipo de médium. Por que isso? É muito simples. Prestem atenção. O Espírito desencarnado possui um perispírito que é o seu, digamos, corpo espiritual. O Espírito encarnado também o possui e é ele que o liga ao corpo físico. Na verdade, o corpo físico é uma cópia do perispírito. Certo?

– Correto – assente Enzo.

– Pois bem. Dessa maneira, podemos dizer que o Espírito encarnado possui um perispírito e um corpo físico formados pelo fluido universal. Além disso, em seu corpo físico, o fluido universal, por força do ambiente em que vive, encontra-se, de uma maneira que poderíamos, grosseiramente, denominar de "animalizado". Dessa forma, então, o Espírito desencarnado combina o fluido universal com o fluido animalizado do médium e anima a matéria, no caso, a mesa, de uma vida factícia, como se ela possuísse uma vida animal.

– Ele proporciona vida à mesa? – pergunta Nícea, deslumbrada com aquela explicação.

– Sim, digamos, uma vitalidade artificial, mas não inteligência. A inteligência é do Espírito desencarnado. Para vocês poderem visualizar melhor, imaginem que a mesa passa a ter uma vida como a de um braço, por exemplo. Imaginem que ela passa a ser como que uma extensão do Espírito, um apêndice a ele ligado e que ele pode movimentar da mesma maneira que move o seu próprio braço, ou seja, bastando que o queira.

– E quanto tempo isso pode durar?

– Essa vida é apenas momentânea e sua duração é muito relativa, ou seja, ela se extingue logo que a quantidade de fluido não seja mais suficiente para animá-la.

– E o médium, no meu caso, por exemplo – pergunta Nícea, – que imagino ser eu a doar esse fluido, não tenho que consentir nisso? Ou seja, não tenho que querer que esse fenômeno aconteça?

– Não. O Espírito desencarnado pode agir sem o conhecimento do médium doador desse fluido.

– E como esse Espírito sabe como realizar esse tipo de fenômeno?

– Na verdade, na grande maioria das vezes, ele não sabe como isso ocorre, assim como não temos necessidade de saber como os nervos de nosso corpo funcionam quando movimentamos um braço. Ele, simplesmente, quer agir dessa forma e o consegue quando um médium de efeitos físicos encontra-se nas imediações, em distância favorável para a consecução desse efeito. Mesmo essa distância é diferente para cada tipo de médium. Vou dar-lhes o exemplo de um acontecimento ocorrido na cidade em que morava quando criança: numa família daquela cidade, ocorreu a desencarnação de uma senhora de idade e que era exímia pianista. Sua vida foi toda devotada a esse instrumento musical, praticando durante muitas horas por dia. Quando ela desencarnou, não se deu conta disso e continuou a habitar aquele lar como se nada tivesse acontecido, vivendo como se vive num sonho, num estado de torpor. Acontece que a empregada doméstica daquela casa possuía esse tipo de mediunidade e era freqüente ouvir-se o piano tocar em várias horas do dia.

– As teclas se movimentavam? – pergunta Nícea.

– Sim, e todo esse fenômeno parou de acontecer quando essa empregada, assustada com o fato, pediu a conta e foi-se embora, ou seja, a médium afastou-se do local. Mas o mais importante que quero que entendam é que essa pianista não sabia como provocar esse fenômeno. Apenas aproximava-se do piano e dedilhava por sobre as teclas, imaginando-se encarnada ainda. A sua vontade, combinada com a mediunidade da empregada, levava a efeito o fenômeno sem que ambas disso se dessem conta.

– Mas houve a vontade do Espírito da pianista – comenta Enzo.

– Sim, ela queria tocar o piano.

– No caso do dardo... – fala Nícea em tom interrogativo.

– A deslocação de objetos é efetuada pela mesma força com que se ergue um objeto qualquer.

– E quanto aos sons, estalidos e ruídos, mais precisamente o som dos chinelos? – pergunta Nícea.

– Ensina-nos *O Livro dos Médiuns*, de Allan Kardec, que quando um Espírito age sobre a matéria, movimentando-a, nós o percebemos através da luz que nos dá a visão do movimento e que, quando bate, o ar nos traz o som. No caso dos estalidos e sons, ele age diretamente sobre o ar, movimentando-o e sabemos que é a movimentação do ar que nos traz o som até os nossos ouvidos. Quanto ao som dos chinelos, a entidade espiritual desejou que os sons de seus passos fossem ouvidos e o que aconteceu? Com o auxílio do fluido animalizado do médium fez com que o deslocamento do ar, através de seus passos, realmente ocorresse e por isso foi ouvido. Da mesma maneira, os sussurros.

– E a chuva de sementes? – pergunta Nícea, bastante interessada no assunto.

– Certamente o Espírito utilizou-se de sementes que se encontravam naquele lugar ou na vizinhança e as atirou sobre você, em grande profusão. Na verdade, o Espírito nada cria. Ele apenas pode, através do concurso consciente ou inconsciente do médium de efeitos físicos, movimentar objetos do plano material.

– E quanto ao fogo que vimos por sobre o cupinzeiro no campo?

– Bem, pode ter sido uma combustão espontânea ocorrida em algum mato seco, ocasionada pelo ar seco. Isso seria um fenômeno comum na natureza. Quantas matas incendeiam-se naturalmente, não é? Agora, se foi algo provocado por algum Espírito zombeteiro que queria impressioná-los, a explicação, de acordo com *O Livro dos Médiuns* , de Allan Kardec, é a seguinte: o Espírito, tendo ação sobre a matéria elementar, auxiliado pelo fluido animalizado do médium, pode modificar as propriedades das substâncias para que estas reajam de acordo com a sua vontade. Bastaria, talvez, que aquecesse alguns gravetos para que estes se incendiassem. Lembre-se de que é possível fazer-se fogo através do atrito de alguns materiais ou, mesmo, colocando-se uma lente de aumento no caminho entre o que se quer incendiar e os raios do sol.

– É verdade – diz Enzo.

– Diga-me uma coisa, seu Torres.

– Pois não, Nícea.

– Existe alguma maneira de eu perder esse tipo de mediunidade? Digo isso porque, na verdade, esses fenômenos são muito desagradáveis e assustadores, além do que temo que possa vir a ferir alguém, como no caso do dardo.

– Minha filha, a mediunidade de efeitos físicos, cuja existência não pode ser negada por você, é uma mediunidade involuntária, geralmente independente da vontade e mesmo do conhecimento do médium. Por tudo que já estudei nas obras de Allan Kardec, vejo apenas duas providências a serem tomadas quanto ao seu caso, já que você não poderá livrar-se dessa faculdade pela sua vontade.

– E que providências são essas?

– Em primeiro lugar devo dizer-lhe que nada acontece por acaso, e o fato de você ser uma médium só pode ter uma grande razão. Por esse motivo, aconselharia você, Nícea, a estudar a Doutrina Espírita e, caso venha a identificar-se com seus ensinamentos, passe a colocar a sua mediunidade a serviço do Bem. Pode ter certeza de que o Plano Maior se incumbirá de colocar o trabalho em suas mãos. Dessa maneira, poderá vir a transformar sua mediunidade involuntária em facultativa, ou seja, sob o controle de sua vontade e, principalmente, dos Espíritos que sempre estarão ao seu lado no trabalho em prol de nossos irmãos mais infelizes. Entende?

– Entendo.

– E pode ficar tranqüila de que nossos irmãos maiores não permitirão que nada de mal aconteça a você ou a qualquer outra pessoa por força de sua faculdade medianímica.

– *Isso é o que você pensa, imbecil! – brada o Espírito de nome Célio, da legião das trevas, sob o comando de Ramires que, junto deles, ouvira toda a conversa. – Vejam o que posso fazer!*

Nesse momento, um cavalete de madeira ergue três de seus quatro pés e, equilibrando-se apenas no outro, começa a bater contra o solo. Nícea, Enzo e Zé da Graxa assustam-se com o fato, enquanto Torres mantém-se impassível diante da situação, dizendo:

– Não precisam assustar-se. É um Espírito que apenas quer comunicar-se conosco. Vamos rogar a Jesus e aos bons Espíritos, aqui presentes, que o auxiliem, que ele sinta a grande paz que reina neste ambiente.

Célio irrita-se com aquele tipo de conversa e bate o cavalete com mais violência.

– Nosso irmãozinho deve estar necessitando de muita ajuda, não é verdade, meu amigo? Se você concordar, continue batendo, mas se não concordar com isso, pare de bater.

– *Não preciso de ajuda nenhuma e, muito menos, da sua – grita, irado, o Espírito, ao mesmo tempo em que pára de bater o cavalete, com a finalidade de mostrar que não concorda com o que disse Torres. – Cretino! Fez-me parar de bater para responder à sua pergunta! Vai ver o que posso fazer! – grita, dirigindo o olhar para uma tábua apoiada num dos mastros do circo, mas esta não se mexe. – O que está acontecendo? Por que não consigo movimentá-la? O que fizeram comigo? Por que estou me sentindo tão fraco? Minhas forças parecem desertar de meu organismo...tudo roda à minha volta...*

– Ele parou de bater, seu Torres. Isso quer dizer que não concorda em ser auxiliado. E o que irá fazer agora?

Nesse instante, a conversa é interrompida por um grande estrondo metálico do lado de fora do circo, antecedido por um cantar de pneus.

– O que foi isso? – pergunta Torres.

Zé da Graxa corre, então, para ver o que havia acontecido, voltando logo em seguida.

– O que aconteceu, Zé? – pergunta Nícea.

– Estranho... – responde. – Consegui ver um automóvel saindo em grande velocidade aqui do circo e um tambor de metal todo amassado bem do lado da estrada. Acredito que esse carro atropelou o tambor, mas...estranho...pareceu-me ser o carro de Dimas, mas com o José de Paula na direção.

– Depois ficaremos sabendo o que aconteceu – tranqüiliza-os Torres e continua a conversa que havia sido interrompida.

– Como estava lhe dizendo, minha filha, nada tema.

Esse nosso infeliz irmão foi, momentaneamente, anestesiado pelos Espíritos aqui presentes e será levado para um outro local, onde poderá meditar sobre o que lhe aconteceu. Logicamente perceberá que, acima de nós e de nossa vontade, existe a vontade de Deus, que se pronuncia através da benevolência de seus emissários.

– E depois? O que acontecerá com ele?

– Deverá voltar às suas inferiores funções, mas carregará consigo um ponto de interrogação sobre o que lhe ocorreu neste momento.

Zé da Graxa, Enzo e Nícea sentem-se emocionados com o que presenciaram e é Nícea quem rompe o silêncio.

– Seu Torres, vou seguir os seus conselhos e gostaria que me fornecesse, se possível, material de estudo sobre a Doutrina Espírita.

– Vou lhe arrumar, agora mesmo. Gostaria, também, se me permitem, de lhes dar uma idéia.

– Pois fale, seu Torres.

– Bem...percebo que vocês encontram-se muito interessados em conhecer o Espiritismo.

– Sim – concorda Enzo.

– Então, por que não se juntam, os três, e estudam em conjunto? Inclusive, pelo que pude perceber, Zé da Graxa já possui um bom conhecimento a respeito e em muito poderá ajudá-los, assim como eu que estarei à disposição para o que precisarem, enquanto o circo estiver nesta cidade.

– Nós lhe agradecemos muito, seu Torres – diz Nícea – gostaria de seguir esse seu conselho, se Enzo e Zé da Graxa assim o desejarem.

– De minha parte, pode contar comigo – concorda Enzo.

– E você, Zé? Topa? Poderemos nos reunir na fazenda. Basta combinarmos o horário.

– Eu irei. Irei, sim.

XVIII

Uma hora atrás, quando Enzo, Zé da Graxa e Nícea ainda se encontravam sentados no banco da praça antes de se dirigirem ao circo...

– Boa tarde, seu velhaco – diz, baixinho, Dagoberto, da barbearia, ao cumprimentar, sorrindo, José de Paula que se encontra à porta da farmácia no lado oposto da rua.

O farmacêutico responde ao cumprimento meneando a cabeça e, dizendo algumas palavras ao garoto que lhe serve de ajudante na farmácia, começa a atravessar a rua, diagonalmente, vindo em direção à barbearia que, nesse momento, encontra-se vazia, sem nenhum freguês.

– O que será que ele vem fazer aqui? – pergunta-se intimamente Dagoberto. – Cortar o cabelo não é, porque cortou na semana passada. Será que leu os meus lábios e vem tomar satisfação? Não. O José de Paula não é disso e, de qualquer maneira, apesar de nossas rixas, sabe que gosto muito dele. O que seria de mim sem esse velhaco? Com quem iria competir?

– Boa tarde, Dagoberto.

– Boa tarde José. A que devo a honra de sua visita, numa hora destas?

– Olhe lá – pede o farmacêutico, indicando o banco do jardim da praça onde se encontram sentados Enzo, Zé da Graxa e Nícea.

O barbeiro atende o pedido e faz de conta que não está nem um pouco surpreso com a presença dos três naquele momento, apesar de já estar se perguntando o que eles estariam fazendo na praça àquela hora do dia.

– O que foi, José?

– Ora, o que foi...o que será que aqueles três estão conversando tanto?

– Não faço a mínima idéia.

– Veja. Levantaram-se e estão caminhando em direção ao carro de dona Nícea. O que será que estão tramando?

– Tramando, José de Paula? Isso são modos de falar? – aproveita-se Dagoberto para, de maneira divertida, passar uma descompostura no farmacêutico. – Como você é curioso!

– E vai me dizer que você não é?

– Nem tanto, nem tanto...mas, realmente, onde

será que vão? Fosse somente dona Nícea e o professor Enzo, tudo bem. Ele está morando lá na fazenda, mas e Zé da Graxa? O que será que esse rapaz tem com eles? Aliás, já faz tempo que estão conversando ali naquele banco.

– Faz muito tempo, Dagoberto?

– Primeiro foi o professor quem ficou conversando com Zé da Graxa por exatamente meia hora, depois o doutor Prado parou ali com eles e deve fazer uns quinze minutos que dona Nícea ali chegou.

– E eu que sou curioso, não é, Dagoberto? Você mediu até o tempo da conversa deles.

– Ah, pára com isso.

– Boa tarde, seu Dagoberto. Boa tarde, seu José de Paula – cumprimentam dona Aurora e a professora Berenice que por ali estão passando, vindo dos lados da loja de armarinhos de seu Farias.

– Boa tarde, senhoras – respondem os dois.

– Por um acaso, – pergunta dona Aurora – os senhores estarão se perguntando o mesmo que nós duas?

– Aurora! Seja mais discreta! – ralha Berenice com a amiga.

Os homens entreolham-se e sorriem. Dagoberto é quem toma a palavra.

– E a senhora poderia nos dizer sobre o que acha que estamos nos perguntando? Por acaso lê pensamentos?

– Não, seu Dagoberto, pois se os lesse, não estaria fazendo essa pergunta.

O farmacêutico cai na gargalhada com a resposta brincalhona da mulher e resolve abrir o jogo.

– Bem, se a senhora está querendo saber se estamos nos perguntando sobre o que estariam fazendo o professor Enzo, dona Nícea e Zé da Graxa sentados ali no banco e, agora, para onde irão, já que os três estão acabando de entrar no automóvel da moça, pode ter certeza que sim. Mas, por quê? As senhoras também estariam curiosas?

– Nós? – responde, desta vez, Berenice. – Muito pouco. Agora, olhem lá para os lados da loja de seu Farias.

Os dois homens voltam seus olhares para onde a moça indicara e surpreendem-se com o número de pessoas que, à porta, não só da loja, mas também da padaria, e do Bar do Balim, disfarçadamente ali permanecem, num halo de total curiosidade. Nesse instante, o carro de Nícea parte com Enzo e Zé da Graxa em seu interior, dirigindo-se para os lados dos terrenos baldios onde o circo está sendo montado.

– Para onde estarão se dirigindo? – pergunta Berenice. – Não é para a fazenda, pois ela se localiza justamente do outro lado.

– Naquela direção não existe nada a não ser terrenos e, depois, o rio.

– Só se...– arrisca Dagoberto.

– Só se o quê? – pergunta-lhe dona Aurora.

– O circo. Só podem estar indo para o circo.

– Mas o que iriam fazer no circo agora?

– Talvez visitá-lo, antes do espetáculo. Afinal de contas, foi o doutor Monteiro, pai de Nícea, quem arrumou-lhes o terreno.

– Pode ser...– concorda o barbeiro – Mas visitar o circo? Para quê?

– Não tenho a mínima idéia – diz dona Aurora.

– Mas olhem só o que a curiosidade faz com as pessoas.

– O que foi?

– Dona Débora está indo atrás deles com seu automóvel.

– Mas que curiosa, heim?

– Bem, de qualquer maneira, logo mais ela deverá contar ao Dimas e nós ficaremos sabendo – comenta Dagoberto, sorrindo, ante o estupefato José de Paula. – É lógico que assim que soubermos iremos contar para você, meu amigo, lá na farmácia.

– Isso não vale como competição – brada o farmacêutico. – Isso não vale.

– E por que não? Esse fato reveste-se de tanta importância quanto a curiosidade que causou a chegada do professor.Acho que até mais, pois basta ver a quantidade de pessoas que, passando por aqui, acabaram parando diante de tamanho mistério – rebate, sorrindo e triunfante, o barbeiro.

– Bem, vocês me dão licença – pede o farmacêutico, afobado, partindo em direção à farmácia.

– Mas aonde vai, homem, com tamanha pressa? – pergunta dona Aurora. – O que deu nele, heim seu Dagoberto?

– Prestem atenção. Daqui a exatamente quarenta segundos, ele estará saindo daquele pequeno portão lateral da farmácia, montado em sua motocicleta. Podem contar comigo: um, dois, três, quatro, cinco, seis, sete, oito, nove, dez, onze, ...meu Deus, como o subestimei! Onze segundos! Mas esse homem está ficando muito rápido! – exclama, rindo, o barbeiro.

– Como sabia, seu Dagoberto?

– Eu prevejo o futuro, dona Berenice. Eu prevejo o futuro.

– Meu Deus do Céu! Esse homem é doido. Vamos embora, dona Aurora. Já pecamos demais por hoje.

E as duas mulheres se afastam, deixando Dagoberto a acariciar o queixo com a mão direita.

– Mas como é curioso esse farmacêutico! Foi atrás deles. E agora?

* * *

– Não vai dar para ultrapassá-la, pois irá ver-me – pensa José de Paula, dirigindo sua motocicleta a uns cem metros atrás do carro de Débora.

O terreno do circo situa-se a umas doze quadras de distância do centro da cidade, quadras estas de terrenos baldios com o mato bem crescido.

– Vou cortar caminho por esta rua. Talvez consiga estacionar nos fundos do circo sem ser visto.

O farmacêutico tenta, então, contornar o grande terreno emprestado pela Prefeitura, mas não consegue, pois o mato crescera muito por aquele lado. Contrariado, resolve, então, voltar e fazer novamente o mesmo trajeto de Débora e, quando finalmente chega ao destino, vê que a mulher estacionara o carro a uma distância de uns vinte metros do circo e ali permanecera, dentro do veículo. Consegue ver, também, o carro de Nícea, estacionado bem à porta de entrada. Pára a motocicleta uns metros atrás e fica observando por detrás de uns arbustos.

– Mas o que dona Débora está fazendo dentro do

carro? Desse jeito não poderei aproximar-me! Ela só está me atrapalhando.

Cerca de uns vinte minutos se passam, até que Débora resolve sair do carro e, vagarosamente, começa a caminhar em direção à entrada do circo.

– Será que ela vai ficar só espionando ou fará de conta que chegou agora, dizendo-se interessada em visitá-lo? De qualquer maneira, terei que esperar um pouco antes de ir lá, também.

A mulher opta em ficar espionando por um vão da cortina de entrada. Dez minutos se passam e o farmacêutico perde a paciência.

– Vou até lá e passo por ela. Direi a eles que resolvi vir dar-lhes as boas vindas e oferecer os meus préstimos para o que for preciso. É isso, mesmo. É o que vou fazer. Dona Débora que passe o vexame de eu tê-la flagrado espionando e que vá embora.

Pensando assim, José de Paula começa a caminhar, procurando não fazer barulho com os passos e é, então, que leva o maior susto. Débora vira-se sobre si mesma e, com os olhos esbugalhados e com a boca aberta e os braços estendidos para a frente, igual a um sonâmbulo, começa a caminhar de volta ao carro, parecendo estar fazendo enorme esforço para movimentar as pernas. O farmacêutico percebe, instantaneamente, que a mulher se encontra em verdadeiro estado de choque e que não consegue articular uma só palavra, emitindo apenas pequenos grunhidos pelo esforço que faz para gritar e falar. Quando dá de chofre com ele, parece levar um outro susto e começa a pisotear o chão como quem quisesse sair correndo sem conseguir, ao mesmo tempo em que passa a apontar o circo, tentando falar algo. Encontra-se completamente fora de si. Revira, então, os olhos e cai desmaiada nos braços de José de Paula que, colocando-a com cuidado no banco de trás de seu próprio carro, toma a direção e sai em velocidade com destino ao centro da cidade, atropelando, logo na saída, um tambor de metal, o que provoca grande estrondo. Nem pára para ver o que aconteceu. Rapidamente chega à praça e estaciona defronte da casa de Dimas. Este acabara de chegar da Prefeitura e, muito assustado, carrega a esposa para o interior. Nesse momento, ela já se encontra desperta, mas ainda sem conseguir falar e com os olhos arregalados. De repente, algumas palavras brotam-lhe dos lábios, repetidamente:

– O circo...o cavalete...o circo...o cavalete...

– Chame o doutor Prado! Chame o doutor Prado!– grita Dimas para a empregada que, imediatamente, corre ao telefone. O farmacêutico procura acalmá-la.

– O que aconteceu com ela, José? Onde ela estava?

– No circo.

– No circo?! O que ela estava fazendo no circo? E você?

– Eu estava passando por lá quando ela veio correndo, parecendo ter visto um fantasma e desmaiou.

Nesse momento, entra o doutor Prado.

XIX

– Eu não posso acreditar! Incompetentes!!! Incompetentes é o que são!!! Como se deixaram ser expulsos por um bando de escravos?! Falem!!! Falem!!! Ou melhor, fale você, Lúcio! Você que liderou a incursão na fazenda. Como se deixaram apanhar e, ainda por cima, serem expulsos?! Fale!!!

– Não sei dizer, chefe – balbucia o Espírito, visivelmente atemorizado, pois sabe o castigo que o espera nas mãos dos carrascos de Ramires. – Tomamos todo o cuidado, mas eles eram muitos e muito fortes. Pode acreditar. Nada pudemos fazer.

– E quanto à moça?! O que conseguiram descobrir?!

– De minha parte, nada, meu senhor. Quanto a Célio, não sei.

– Onde está Célio?!

– Não sei, senhor. Ele não apareceu.

– Você é um incompetente, Lúcio.

– Desculpe-me, chefe, mas esse seu plano que incumbiu-me de executar não foi dos melhores.

– Como ousa criticar o meu plano?! Imbecil!!! Como ousa?! Vocês é que se mostraram incompetentes!

– Perdoe-me a intromissão, caro chefe, mas Lúcio tem toda a razão.

É Núbio quem fala e Ramires sente suas entranhas arderem de ódio com a intromissão de seu subordinado. Na reunião passada, teve que dar a mão à palmatória para ele, quando sugeriu uma maneira de envolver os integrantes do circo, plano esse que, pelo que pôde constatar, estava tendo grande êxito. Agora, novamente, esse Espírito o interrompia para querer ensiná-lo.

– Como Lúcio tem toda a razão?! O que você sabe a respeito disso? Pelo que sei não os acompanhou e cuidado com o que vai dizer. Não tolerarei mais confrontos!!! E nem desculpas!!! Fale logo!!! Por que esse infeliz tem razão?!

– Perdoe-me, novamente, chefe, mas não foi de bom alvitre tentar medir a capacidade da moça lá na fazenda, sem uma anterior investigação naquele local a fim de verificar se haveria sistemas de proteção. Poderíamos muito bem fazer essa verificação em qualquer outro lugar da cidade, onde ela estivesse. E, pelo que fiquei sabendo, junto a Lúcio, aquelas terras encontram-se muito bem protegidas por aqueles escravos. Agora já sabem de nossa presença e tentarão descobrir quem somos e o que estamos fazendo.

– Foi justamente isso o que eu estava tentando

dizer, chefe – argumenta Lúcio. – Agora, teremos que combater de peito aberto.

– Muito bem – concorda, contrariado, Ramires –, você tem razão. Alguém mais tem alguma informação sobre a capacidade mediúnica da moça? Ou, mesmo, sobre aqueles escravos naquela fazenda?

O Espírito Matias, que havia sido preso em flagrante na fazenda e que atirara o dardo, encontra-se presente na reunião e não consegue conter-se, pedindo a palavra.

– Eu tenho algumas informações.

– Pois fale e, se suas informações forem realmente interessantes, será premiado. Mas fale somente a verdade ou será castigado.

Matias estremece. – Será que fez bem em pronunciar-se? – pensa, temeroso, mas resolve contar todo o ocorrido, pois sabe que mais cedo ou mais tarde, Ramires poderá tomar conhecimento do que lhe aconteceu na fazenda. E, então, conta tudo, escondendo, apenas, o fato de ter mencionado o nome de Ramires para aquela senhora tratada pelos escravos pelo nome de Emerenciana. Ramires presta muita atenção em tudo e em silêncio, porém, quando ouve o nome daquele Espírito feminino, explode com impropérios de toda a sorte.

– Miserável!!! Até que enfim nos encontramos, detestável mulher! Miserável!!! Irá pagar caro por tudo o que me fez passar! Bem que este lugar não me parecia estranho, apesar de ter-se modificado muito. Então foi aqui

que aquela miserável delatou-me e acabou comigo! Como o mundo é pequeno! Eu a procurei tanto nas profundezas do inferno e ela estava aqui! Chegou a sua hora, maldita bruxa e não sairei daqui enquanto não me vingar! E quanto a você, Matias, pode solicitar o que quiser. Seu desejo será cumprido. Diga o que deseja!

Matias enche o peito de satisfação e orgulho por ter tido tão honrosa deferência de Ramires perante os outros que, neste momento, remoem-se de ciúmes e inveja. O Espírito, então, resolve tirar partido daquela situação, mostrando-se fiel a Ramires.

– Nada desejo para mim, poderoso Ramires. Apenas desejo estar presente quando estiver pondo em prática a sua vingança contra aquela mulher. Desejo que ela sofra bastante e que me veja assistindo ao seu sofrimento.

– Seu desejo será cumprido. A partir de hoje, irá acompanhar-me os passos.

– Penso que não deveríamos nos desviar de nossos objetivos – diz Núbio, novamente, enfrentando Ramires que lança em sua direção profundo olhar de ódio pela nova intromissão.

– Pois, de minha parte, penso que você já está se intrometendo demais em minhas deliberações!

– Não me leve a mal, poderoso chefe, mas temo por sua integridade física. Afinal, terá que prestar contas ao alto comando sobre esta nossa missão junto ao circo.

– Conheço muito bem as minhas responsabilidades

e a minha missão, Núbio, e tenho plena convicção de que as realizarei.

Desta feita é outro Espírito, conhecido por Pecos quem toma a palavra. Pecos é um especialista em missões de obsessão profunda e sabe que sua palavra tem peso.

– Também penso como Núbio, senhor. Se tornarmos a nos envolver com essa gente, creio que acabaremos tendo problemas em nossa missão. Como sabe, todo trabalho obsessivo deve ser efetuado na mais completa surdina, sem alardes e sem chamar a atenção de outras entidades, mesmo daquelas que sejam partidárias de nossos pensamentos. Sinto que acabaremos tendo intromissões desses negros, comandados por essa mulher, principalmente pelo fato de você ter dado a entender ter tido altercações com ela no passado.

– Ela não sabe que estou aqui e saberei disfarçar-me.

– Como pode ter tanta certeza de que ela não sabe de sua presença nestas paragens? Será que Matias não o delatou? – aproveita-se Pecos para instigar desconfiança naquele que ocupava, agora, certa posição de destaque com o chefe.

– Falou alguma coisa a meu respeito, Matias?! – interroga Ramires, autoritariamente.

– Pode ter certeza que não, chefe. Disse-lhe toda a

verdade – mente Matias, sem conseguir esconder o medo no olhar, o que não passa despercebido por Pecos.

– E quanto ao circo, Núbio? – pergunta Ramires.

– O nosso trabalho vai caminhando devagar, mas creio que dará resultados. Alguns já se encontram quase que sob nosso controle, apesar de que estamos precisando agir constantemente sobre eles, pois possuem muita proteção, fazendo com que estejam sempre a um passo de se afastarem de nosso campo de ação.

– Implantaram a obsessão através dos Espíritos hipnotizados?

– Sim, aqueles de idéias fixas. Infelizmente, não conseguimos implantar ovóides, pois como já disse, possuem muita proteção.

– É necessário que intensifiquem o trabalho, principalmente durante o sono. Quanto a Torres, ataquem-no sem tréguas. Se o derrubarmos, o resto ruirá por si.

– Torres é o mais difícil. Está sempre com o pensamento ligado nos Espíritos que tutelam o circo.

– Terei que pedir reforços, então. Se não podemos agir diretamente sobre ele, teremos, então, que direcionar a nossa ação sobre aqueles a quem ele tem a maior dedicação. Precisamos descobrir a localização de seus familiares. Sabe se ele possui família e onde moram?

– Não, pois ainda não havia pensado nisso.

– Pois comece a pensar nesse assunto. Descubra se possui esposa, filhos ou netos. É por aí que agiremos daqui para a frente, pois pelas suas informações, não vislumbro sucesso em nossa empreitada.

– E quanto à moça, a tal de Nícea? O que teremos que fazer? – pergunta, por sua vez Pecos, visivelmente interessado no assunto.

– Por enquanto, nada. Usaremos sua mediunidade no momento oportuno, quando já tivermos Torres vencido. Por isso, não quero que ninguém se aproveite de sua capacidade, apenas por brincadeira. Não quero levantar mais suspeitas.

– Mas o quê, especificamente, reserva para ela?

– Isso eu resolverei no momento oportuno. Outra coisa: quero montar um grupo para tentar descobrir por que Emerenciana retornou àquela fazenda.

– Poderoso chefe – interrompe Núbio. – Não acha que não devemos nos desviar de nossa missão?

– Pelo jeito, já conhece este lugar – dispara Pecos.

– Já e muito. Mas não quero falar disso, agora. Aliás, quem deu a vocês dois a liberdade de me fazerem tantas perguntas?! Ao trabalho! Agora devo prestar contas ao comando central. Não irão gostar nada de minhas notícias.

* * *

– Estão todos presentes? – pergunta dona Emerenciana ao Espírito Hilário, líder dos negros escravos, ao abrir a reunião na profunda caverna na mata da fazenda do doutor Monteiro.

– Sim, senhora. Já verifiquei e só não estão presentes os encarregados da proteção da casa da fazenda.

– Muito bem. Comecemos, então, sem mais delongas, a reunião desta noite.

No interior da caverna encontram-se reunidos cerca de quarenta e poucos Espíritos que, no passado, ali serviram como escravos. Dona Emerenciana posiciona-se à frente de todos que, sentados ao chão, em diversas fileiras, aguardam, em silêncio, suas palavras.

– Hilário e Tina, quero que se postem ao meu lado – pede a mulher, no que é prontamente atendida. – Esta noite, teremos que resolver que atitudes tomar com respeito a um imprevisto que tomamos conhecimento lá na casa da fazenda.

Emerenciana, então, narra aos presentes o que se passara quanto à inesperada visita do Espírito Matias, quanto ao perigo que, talvez, Nícea estivesse correndo e com relação à presença, naquela cidade, do Espírito do coronel Ramires. Quando toca no nome do coronel, uníssonas expressões de revolta são proferidas pelos presentes.

– Não devemos vibrar nesse diapasão, meus amigos, ou nossa missão, certamente, redundará em

fracasso. Temos que proteger a moça e colocar toda a nossa disposição no que nos propusemos realizar nestas paragens. É evidente que se Matias contar a Ramires sobre a minha presença aqui, rodeada de negros escravos, muitos dissabores teremos que enfrentar e é para isso que teremos que estar preparados. Não podemos, de maneira alguma, deixar-nos envolver por sentimentos de ódio e de vingança ou, como já disse, poremos tudo a perder, certo?

Todos meneiam a cabeça em sinal afirmativo, menos um deles, Antonio, que permanece com o olhar fixo no chão. Emerenciana percebe e lhe endereça a palavra:

– Certo, Antonio?

O homem fita-a demoradamente e balbucia:

– Eu não vou conseguir. Se acontecer de me defrontar com aquele canalha, não me responsabilizo pelo que venha a acontecer.

– É isso que não quero que aconteça, Antonio. Para o seu próprio bem e para o bem de toda a nossa missão que poderá perder-se se não tomarmos o devido cuidado. Por isso quero que me prometa, aqui, agora, na frente de todos, que nada fará apenas para satisfazer o seu desejo de vingança, sentimento esse que quero que extirpa de seu coração. Se assim não o fizer ou, mesmo, se eu perceber que tomará alguma atitude errada, terá que retornar para o lugar de onde

veio. Pode ter plena certeza de que farei isso. Certo, Antonio?

O homem volta o olhar novamente para o chão e resmunga, novamente:

– Certo.

– Por favor, Antonio, fale mais alto para que todos possam ouvi-lo.

– Certo!

– Muito bem. Dessa maneira, vejo necessidade de, a partir de agora, ficarmos todos nesta fazenda, sem retornos, a fim de que possamos protegê-la mais do que nunca e, principalmente, a este lugar. E nada devemos fazer para chamarmos a atenção para o que aqui nos propusemos realizar. Por isso, o silêncio será a nossa bandeira daqui para a frente. Palavras, apenas as necessárias, poderão ser proferidas entre nós e, de preferência, nos comunicaremos uns com os outros apenas com pequenos e imperceptíveis gestos e olhares como sempre o fizemos no passado.

Os escravos assentem com leve movimento de cabeça.

– Cada um, agora, para o seu posto.

Quando todos saem, Emerenciana, Hilário e Tina, dirigem-se a um dos cantos da larga caverna, cuja entrada encontra-se protegida pela grande rocha, e estacam defronte de uma pedra, de aproximadamente trinta centímetros de altura, por dois metros e meio de comprimento e dois metros de largura.

– A senhora acredita que conseguiremos?

– Pode ter certeza que sim, Hilário – responde dona Emerenciana. – Pode ter certeza que sim.

– E como faremos para dona Nícea entrar aqui? Terá ela coragem?

– Saberemos como fazer no momento oportuno, meu amigo, e aquele moço, o Enzo, nos ajudará.

– A senhora acha?

– Sim. Já consegui interessá-lo pelos fenômenos quando fi-lo ouvir o som de meus chinelos. Esse foi o primeiro passo, pois assim consegui com que ele incentivasse Nícea ao estudo.

– Espero que esteja certa, sinhá Emerenciana, pois já faz muito tempo que estamos aguardando por esta oportunidade. Há alguns anos, pensei que aquele colono seria o mais indicado, mas o homem é muito medroso e não mais conseguimos fazê-lo vir até aqui, a não ser hoje quando descobriu a caverna, mas nada consegui.

– Sua capacidade não é suficiente, mas, agora, Nícea está entre nós. E Zé da Graxa, sem o saber, também está nos ajudando.

– Isso é verdade.

– Fique tranqüilo, Hilário. Conseguiremos revelar o que pretendemos.

– Se Deus quiser, sinhá Merê.

– Nós conseguiremos, Hilário. Nós conseguiremos.

XX

– Deve ter sido algum número de mágica que o circo irá apresentar, Débora – fala Dimas para a esposa.

– Número de mágica, nada. É bruxaria, mesmo. Ouvi quando o homem do circo falou para que não se assustassem, pois era somente um Espírito querendo comunicar-se. Daí, o cavalete começou a bater com mais violência, ainda. Nunca senti tanto medo em toda a minha vida.

– E dona Nícea, Zé da Graxa e Enzo? – pergunta dona Fátima, esposa de Fortunato, o diretor da escola que também ali está presente na casa de Dimas. Aliás, a casa está cheia de curiosos que viram quando Débora entrou carregada pelo marido. A notícia espalhou-se e até Ariovaldo, o gerente do Banco, ali se encontra. Do lado de fora, pequena multidão aglomera-se a fim de saber das novidades e é Glória, irmã de Dimas, quem se encarrega de levar as novidades para os que estão na rua.

– Nem se mexeram e continuaram a conversar com

o homem – responde Débora. – Depois, não sei mais o que aconteceu, pois tomada de pavor, tentei sair correndo, mas parecia que me seguravam.

– Os Espíritos quiseram segurar Débora para que não fugisse do circo – informa Glória, da porta da casa, à multidão.

– Isso é coisa do "demo" – diz uma senhora, benzendo-se com o sinal da cruz. – Precisamos falar com o padre Francisco.

– Não será necessário – informa Glória. – O padre está aqui dentro, com minha cunhada.

– Acalme-se, agora, minha filha, e procure descansar. Pessoal, vamos sair daqui e deixar que dona Débora descanse um pouco – pede o padre, procurando fazer com que os curiosos saiam da casa.

– Eu fico – diz dona Clara, esposa do padeiro Rodrigues. – Ela é muito minha amiga e precisa de mim.

– Por favor, minha senhora. Débora precisa descansar e somente conseguirá se ficar sozinha com seu marido – pede o doutor Prado. – Vamos, tenham um pouco de compreensão.

– E de caridade – pede o padre.

E após muito esforço por parte do padre Francisco e do médico, conseguem fazer com que todos deixem a residência, mas não conseguem que voltem para os seus lares. Todos permanecem no passeio defronte da casa e quando a porta já está sendo fechada, Aurora chama pelo padre:

– Padre Francisco...

– O que quer, dona Aurora?

– Por favor, padre. Queremos uma explicação do senhor sobre o ocorrido. Por favor.

– Eu já volto.

Dizendo isso, o pároco retorna para o interior da casa, onde ainda se encontram Dimas, o doutor Prado, o doutor Getúlio, delegado de polícia e José de Paula, que, obviamente, deverá prestar melhores esclarecimentos sobre o ocorrido.

– Conte-me tudo novamente, senhor José de Paula – pede o delegado.

– O senhor, por acaso, está me interrogando, doutor? – pergunta, indignado, o farmacêutico.

– Absolutamente. Apenas estou cumprindo com o meu dever. Esta senhora presenciou algo de estranho no circo e desmaiou. Por outro lado, o automóvel dela está amassado do lado direito. Perdoe-me, mas necessito ouvi-lo, mais uma vez.

– Está bem – concorda. – Vou contar-lhe tudo de novo, mas gostaria de ser dispensado logo em seguida, pois deixei a minha motocicleta nas imediações do circo.

José de Paula narra tudo, novamente. Quando termina, o delegado dirige-se ao padre.

– O que o senhor me diz disso tudo, padre Francisco?

– De minha parte, não vejo nada de mais no que ocorreu, a não ser e, desculpem-me, Débora e José de Paula, devo condenar a bisbilhotice de vocês. Não têm o direito de ficar espionando as pessoas.

– Não é bem isso o que estou perguntando, padre – insiste o delegado. – Estou querendo saber, aliás, penso que todos queremos saber, o que o senhor tem a dizer a respeito dessa...sei lá...desse fenômeno que ocorreu.

– Por ora, nada tenho a dizer, a não ser que já tive conhecimento de muitos fenômenos que ocorreram de forma semelhante em vários lugares e que creio terem sido causados por alguma força que ainda desconhecemos. Mas não creio que tenha sido algum Espírito que o tenha provocado. E muito menos o demônio.

– Sempre ouvi dizer que existem pessoas que possuem essa faculdade de mover objetos. Quem poderia ter sido? O homem do circo?

– Provavelmente – responde o religioso. – Quem mais poderia ter sido senão ele? Afinal de contas, é ele quem trabalha na divulgação da Doutrina Espírita.

– Será que irão apresentar esse número no sábado?

Do lado de fora da casa, mais precisamente, com o ouvido encostado à porta, a fim de escutar o que se conversa em seu interior, dona Berenice volta-se para os demais e informa:

– O circo irá apresentar esse fenômeno na estréia de sábado.

Um murmurinho é, então, iniciado pelos presentes, com os mais diversos comentários sobre a infeliz e inverídica informação de Berenice.

– Não perco essa estréia por nada deste mundo – comenta um dos circunstantes.

– Nem eu – diz outro.

– Conheço bem os truques de mágica. E se for um, podem ter certeza de que descobrirei – enfatiza um rapaz bem jovem, de barba rala.

– Pois eu acredito porque já vi algo parecido. Valha-me Deus. Isso é coisa do cão.

– Ora, dona Guiomar, a senhora não acredita em Espíritos?

– Espíritos? Acredito em alma.

– Pois é a mesma coisa, apenas com nomes diferentes.

– O que eu gosto, mesmo, é de ver serrar a moça ao meio – aparta outro.

– Esse circo é diferente. Não possui números desse tipo. É um circo-teatro. Só apresenta peças teatrais – explica Bruna, que também encontra-se presente.

– Dizem que a peça é uma estória espírita.

– Eu cheguei a ver uma parte do ensaio deles. No

final da peça, pelo que entendi, fazem uma sessão espírita.

– De verdade?

– Isso eu não sei.

– Gostaria de assistir a uma sessão e falar com meu pai para saber onde ele escondeu todo o dinheiro que ganhou.

– Seu pai? – pergunta um outro.

– Sim. O velho era tão sovina, escondia tão bem escondido o dinheiro, que até hoje minha mãe não sabe o que foi feito dele.

– E será que o Espírito de seu pai iria contar onde guardou o dinheiro?

– Pois eu acho que deve estar sentado em cima do lugar.

– Não fale assim de seu pai, Neto – ralha a mãe com o filho.

– E por que não?

– Ele deve estar junto de Deus neste momento.

– Eu não acredito. Do jeito que ele era, penso que deve estar ainda agarrado ao dinheiro.

– Por que você não arruma um médium vidente, desses que vêem os Espíritos? Ele, talvez, possa ver o seu pai lá na sua casa. Daí, então, basta cavar por debaixo dele – comenta um rapaz, brincando com o assunto.

– Pode ter certeza que não, pois não acredito que meu pai tenha escondido a grana em nossa própria casa.

– Não fale assim, Neto. Não fale assim de seu pai. Quando ele estava vivo, nunca deixou que nos faltasse nada. Alguma vez nós ficamos sem comer, heim? Faltou comida para você?

– Desculpe-me, mamãe. Estava apenas brincando.

– Pois não se deve brincar, assim, com os Espíritos dos mortos.

– Está bem, mamãe.

– Ora, veja só! – resmunga a mulher, ainda contrariada com o filho.

– A senhora não gostaria de falar com papai?

– Mas nem morta!

Todos riem. Na verdade, aquele acontecimento com Débora acabou transformando-se em uma festa. Todos davam os seus palpites e as notícias eram quase sempre deturpadas.

Naquele momento, um carro aponta no início da praça. É Nícea quem o dirige, trazendo Enzo e Zé da Graxa que, vendo toda aquela movimentação em frente da casa de Dimas, resolve parar para perguntar o que está acontecendo.

– Vejam. É dona Nícea e Zé da Graxa. E o professor também está junto – anuncia alguém assim que o automóvel estaciona.

As pessoas, então, aglomeram-se em volta do carro e uma chuva de perguntas recai sobre a moça e os outros ocupantes do veículo.

– Afinal de contas, o que foi que aconteceu lá no circo?

– No circo?! De que estão falando? – pergunta Nícea, já um pouco assustada com tudo aquilo.

– Da mágica lá no circo – informa um outro.

– Mágica?! Que mágica? Não sei do que estão falando.

– Dona Débora viu tudo – fala um garoto.

– Até desmaiou.

– Desmaiou?!

– Acho que já sei o que está acontecendo – explica Zé da Graxa. – Lembram-se de que eu disse ter visto o carro de dona Débora saindo lá do circo, dirigido pelo farmacêutico?

– Sim. E daí?

– Já posso imaginar o que pode ter ocorrido. Vamos entrar na casa.

– Dêem passagem para dona Nícea – pede Berenice da porta.

– Com licença. Por favor.

– Boa tarde, dona Nícea. Boa tarde, Zé da Graxa e professor Enzo – cumprimenta o doutor Prado.

– Ainda bem que chegaram – diz o delegado. – Assim, talvez, possamos ter alguma explicação sobre o que aconteceu com dona Débora lá no circo.

– Também gostaríamos de saber – complementa Débora. – Alguém poderia nos dizer o que significa tudo isto?

– Oi, Nícea – cumprimenta dona Débora, ainda muito assustada. – Você poderia me dizer o que aconteceu lá no circo, com aquele cavalete? Eu estava lá chegando, quando, entrando no circo, – mente a mulher – antes mesmo de entrar, estaquei na porta, não podendo acreditar no que via. Aquele cavalete numa só perna...batendo as outras...e..depois...com muita violência...

– Entendo. A senhora assistiu a um fenômeno mediúnico, dona Débora, e entendo como deve estar se sentindo, mas não fique impressionada, não. Esses fenômenos, apesar de muito raros, são perfeitamente explicáveis – diz Nícea, com muita convicção.

– Bem, como não pretendo entrar no mérito da questão, pois tenho um pensamento diferente, peço licença para retirar-me – pede o padre Francisco, muito gentilmente. Uma boa tarde a todos.

– Boa tarde, padre, e muito obrigado por ter vindo até aqui. Sua presença foi muito importante – agradece Dimas, acompanhando-o até a porta.

– Pois, então, dona Débora, a senhora poderia

nos explicar o que aconteceu lá no circo? – pede o delegado.

– Como já disse, doutor Getúlio, foi apenas um fenômeno mediúnico. Ainda não sei explicar muito bem, mas pretendo estudá-lo mais a fundo. E dona Débora, é compreensível, assustou-se. Afinal de contas, não é sempre que alguém tem a oportunidade de presenciar algo semelhante.

– Mas o que devo colocar em meu relatório?

– Relatório? E por que o doutor acha que tem que fazer um relatório? Não aconteceu nenhum crime. Ninguém saiu lesado de nada. Não vejo motivo algum para o doutor fazer um relatório – explica Enzo.

– Também penso assim – concorda Dimas. – Afinal de contas, realmente, nada aconteceu.

– Acho que têm razão. Não farei nenhum relatório. E, se me dão licença, também devo ir-me. Ainda tenho alguns documentos para despachar na Delegacia.

– Muito obrigado ao senhor também, delegado. Vou acompanhá-lo até a porta.

– E como eu fico? – pergunta Débora. – Sem nenhuma explicação? Nunca vi nada igual.

– Pois prometo-lhe que qualquer dia destes virei fazer-lhe uma visita, quando a senhora estiver mais calma, e aí, então, poderei explicar-lhe o que ocorreu, com mais detalhes – promete Nícea. – Por enquanto, esqueça tudo isso e acalme-se.

– E todas essas pessoas aí na frente da casa? O que pretendem? – pergunta Enzo.

– Querem saber o que aconteceu – responde o doutor Prado. – Estão muito curiosas, o que é natural.

– Agora, digam-me uma coisa: por acaso, o circo irá apresentar esse número no sábado?

– Sinto informar-lhe que não, – diz Zé da Graxa – pois o que aconteceu hoje não é nenhum número circense e não são os espíritas do circo quem determinam quando pode haver algum tipo de manifestação. Na verdade, o telefone só toca de lá para cá.

– O telefone?

– Apenas uma maneira de dizer que não são os espíritas quem determinam o que irá acontecer, mesmo porque, nesses casos, a vontade é do Espírito que quer comunicar-se, seja através de uma mediunidade de comunicação oral ou escrita ou, algumas vezes, através dos fenômenos. Eles, os Espíritos é quem resolvem quando, como e onde irão pronunciar-se.

– Penso que vamos ter problemas – informa Dimas.

– Problemas?

– Sim. As pessoas aí fora estão dizendo que o circo irá apresentar um número com um cavalete que voa.

– Mas ninguém disse isso...– espanta-se Zé da Graxa.

– Você conhece o povo desta cidade, Zé. Estão sempre exagerando nas notícias.

– É preciso que saibam que não haverá esse tipo de apresentação. Precisamos falar com seu Torres.

XXI

– A confusão está armada na cidade, chefe – informa Lúcio a Ramires.

– Confusão?

– Sim. Célio conseguiu testar a mediunidade daquela moça dentro do circo, alguém viu tudo e, agora, o povo, praticamente, exige que esse fenômeno seja apresentado para todos na estréia do espetáculo.

– Não estou entendendo direito. Você quer me explicar melhor?

Lúcio conta-lhe tudo, desde o que acontecera com Célio até o ocorrido na cidade, em casa de Débora.

– Mas essa é uma notícia muito boa. Poderemos providenciar para que essa confusão aumente ainda mais e que o circo seja desmoralizado perante a população. Quem sabe isso esfrie um pouco os ânimos de nossos amigos espíritas? E esse é um bom caminho. Mas, e Célio? Disse-me que ele foi capturado...

– Sim. Eles conseguiram.

– Bem, isso não vem ao caso, agora. O que interessa é agirmos sem demora. Sábado teremos um novo encontro neste mesmo lugar para nos prepararmos convenientemente.

* * *

No sábado de manhã, dia da estréia que se dará às oito horas da noite...

– Não se preocupe com isso, Nícea – diz Torres. – Você pode e deve vir à estréia, sem nenhum temor.

– Tenho receio de que algo de ruim ocorra, através de minha mediunidade de efeitos físicos. Além do mais, o povo imagina que o circo irá apresentar algum fenômeno do tipo que ocorreu na tarde de ontem. Imagino que dona Débora tenha ouvido toda ou grande parte de nossa conversa, porque todos sabem que esses fenômenos ocorrem com a minha presença e, se eu estiver presente, poderão exigir o espetáculo que estão esperando.

– Minha filha, não se preocupe, já lhe disse. O que interessa é a mensagem espírita que iremos apresentar com a nossa peça e que, temos absoluta certeza, ficará gravada na mente de cada espectador e que, um dia, poderá auxiliá-los no entendimento que se lhes fizer necessário. Além disso, creio que, a exemplo de tantas cidades onde nos apresentamos, a peça venha a fazer com que muitos saiam do circo, interessados pelo assunto ou, mesmo, levando consigo, um ponto de interrogação a respeito das verdades encenadas.

– O senhor não tem receio de que possa haver algum tumulto pelo fato de não acontecer o que tanto estão aguardando? O senhor já viu quantos ingressos já foram vendidos? Este circo vai lotar hoje.

– Não tenho receio nenhum, Nícea. Tenho plena confiança em Deus, em Jesus e em seus mensageiros, os Espíritos do Bem, que tutelam esta nossa caminhada no trabalho de divulgação da Doutrina Espírita. Eles saberão a tudo organizar e coordenar a contento.

– O senhor acha que, realmente, devo vir hoje à noite?

– Com toda a certeza.

– Fique tranqüila – diz Enzo. – Eu e Zé da Graxa aqui estaremos com você.

– Que Deus me ajude e a todos nós.

– Por certo, já estamos sendo auxiliados. Por acaso, não está sentindo uma grande e estranha paz aqui neste recinto?

– Estou, sim.

– Pois pode crer, é o trabalho dos Espíritos amigos.

– O senhor os está vendo?

– Neste momento, não, mas posso sentir-lhes a presença.

– Até mais, então – despede-se Nícea. – Vamos, Enzo. Vamos voltar para a fazenda. Você também, Zé da Graxa. Vai almoçar conosco, hoje.

– Eu?! Não posso.

– E por quê?

– Porque...porque não.

– Mas por que não?

– Porque...bem...eu sou Zé da Graxa.

– Pois, para mim, tornou-se o Zé das Graças. Só está me auxiliando. Você e Enzo. Vamos, sim. Você vem conosco, Zé.

– Se a senhora insiste...

– E não quero mais que me chame de senhora. Não sou tão mais velha que você.

– Tudo bem, se você insiste...

– Insisto e exijo – responde, sorrindo.

* * *

– Ainda não sei o que será melhor para nós – diz, irritado Ramires. – Se será melhor permitirmos que a moça vá à estréia do circo e nada fazermos, a fim de frustrarmos o povo que lá estiver, ou se derrubamos tudo aquilo, utilizando-nos de sua mediunidade.

– Perdoe-me, chefe, mas novamente tenho que contrariar essa sua idéia – argumenta Núbio.

– Não! Desta vez, não! Já estou cansado de suas intromissões, Núbio, e não vou permitir que atrapalhe os meus planos e só não o coloco a ferros porque possui costas largas com o comando maior.

– Permita-me, pelo menos, falar o que penso.

– Não! Não irá falar nada! Assim que resolver o que fazer, comunicarei a todos a minha decisão.

– Mas... – insiste o Espírito Núbio, profundamente contrariado e muito irado.

– Cale-se! Será que terei que puni-lo?! Cale-se!

– Pois digo-lhe uma coisa: se falhar, farei severa reclamação para o comando, pois o que tenho a dizer é de fundamental importância para o êxito desta missão.

– Guardas! Levem-no daqui! Levem e tranquem-no até amanhã, em cela vigiada.

– Irá se arrepender, Ramires! Irá se arrepender!

– Pois veremos, Núbio! E quando terminar a missão desta noite, vou expulsá-lo de nosso meio. Vou enviá-lo de volta para o alto comando, com a acusação de insubordinação.

– Maldito! Vai pagar caro! Sei que tenho razão e vai pagar caro após o seu fracasso.

– Levem-no! E silêncio, todos vocês! Silêncio! Lúcio!

– Sim, chefe.

– Nenhuma notícia de Célio?

– Não, senhor.

– E como estão as coisas lá no circo?

– Estamos perdendo o controle da situação, chefe.

– Perdendo o controle?! Como assim?! O que seus comandados estão fazendo?

– Tudo o que lhes foi ordenado, chefe. Acontece que hoje é dia de apresentação do circo e tudo fica mais difícil.

– E quanto ao Paulo? Conseguiram sugar-lhe as energias através do constante consumo de álcool?

– Sim, chefe.

– E como ele se encontra?

– Muito desanimado.

– Mas, então...

– Acontece que hoje não conseguimos levá-lo para o bar.

– Mas como?!

– O trabalho, chefe. O trabalho.

– Como, o trabalho?

– Quando ele está sem ter o que fazer, como nos dias anteriores, facilmente o convencemos a beber, porém, quando está trabalhando, fica muito difícil. Parece que ele adquire novas forças. E ontem e hoje ele está trabalhando muito.

– Maldito trabalho!!! Mas vocês não conseguiram fazê-lo se desligar dessa vontade de trabalhar?

– Não, chefe. Não conseguimos.

– Vocês estão se transformando nuns inúteis! Inúteis! Será que terei que pedir a substituição de vocês ou terei que puni-los, novamente?

– Aquela punição, não, senhor! Aquela punição, novamente, não. Prometo que vou cuidar pessoalmente dele.

– Pois faça isso, Lúcio! Faça isso ou sentirá todo o meu ódio cair sobre essa sua insignificância.

– Vou fazê-lo, chefe. Vou vencer esse maldito Paulo! Vou vencê-lo!

– Pois apresse-se! Não temos mais tempo a perder. E preparem-se todos vocês! Precisarei de todos esta noite! Atacaremos como um grande exército! Concentrem-se, agora. Quero que nutram intenso ódio por aquele circo. E sabem por quê? Porque são atividades como aquelas que os fazem sofrer como sofrem. Entenderam?! Sofrem por causa dos espíritas! Sofrem por causa dos seguidores do Cordeiro! Quero ódio! Muito ódio!

Insuflados pelas palavras de Ramires, que continua a proferi-las incansavelmente, os pobres Espíritos ali presentes chegam a retorcer-se e sentirem dores atrozes em seus atormentados e deformados perispíritos, fazendo com que passem a odiar cada vez com mais intensidade. Mais algumas horas se passam e grande legião de infelizes e horripilantes entidades seguem Ramires por trevosas estradas, como se formassem macabra procissão em direção ao circo. São dezenove horas e a noite já caiu sobre a cidade.

– Malditos!!! – berra Ramires quando vê a intensa luz que parece lançada do circo até os seus olhos e os de seus seguidores. – Não consigo enxergar!!! Malditos!!! Covardes!!!

Todo o bando dobra-se diante de tão forte luz e já estão para fugir quando Ramires lhes grita:

– Não saiam de seus lugares e continuem a emitir vibrações de muito ódio! Muito ódio!!!

De repente, por determinação de Espíritos Superiores, a intensidade da luz diminui, permitindo que esses Espíritos das trevas se aproximem do circo, porém, sem conseguir atravessar um verdadeiro cordão magnético instalado como um círculo ao redor do local a uma distância de aproximadamente uns vinte metros.

– Temos que atravessar! Temos que atravessar! – berra Ramires. – Vamos, guerreiros das trevas! Vamos! Forcemos esse cordão magnético. Que o nosso ódio seja mais forte que essa estranha força! Vamos!!!

Nesse momento, também por autorização de um dos

coordenadores da proteção ao circo, atendendo a solicitação do Espírito Bráulio, é permitido que Ramires atravesse o cordão, porém, somente ele. Os outros não o conseguem. Pensando ter vencido por si aquela força, grita a plenos pulmões:

– Venham, seus fracos! Venham! Façam como eu! Coloquem todo o ódio no coração e forcem! Somente assim poderão passar, assim como eu o consegui! Vamos!

Seus seguidores tentam, mas sem sucesso e ficam do lado de fora da faixa protetora, olhando com pavor para Ramires, que continua a insultá-los. Mas, mesmo tendo atravessado o cordão, Ramires percebe que não possui forças para chegar até o circo. Parece que algo o prende ao solo. Não está conseguindo ver os Espíritos de Luz e irrita-se, profundamente. O tempo passa até que as pessoas começam a chegar ao local e iniciam extensa fila, aguardando a abertura da entrada do circo, enquanto Ramires, já liberto das forças que o prendiam ao solo, perambula pelas dependências dos artistas e trabalhadores, em busca daqueles seus companheiros do mal que tinham a missão de os obsediarem. Mas a cena que vê o irrita sobremaneira. Grande parte dos integrantes do circo encontra-se acompanhada de perto por seus perseguidores, porém as ligações que, até aquele momento, encontravam-se bastante coesas entre vítimas e algozes, agora aparecem, aos seus olhos, como bastante tênues, arrefecidas pela grande presença de Espíritos de Luz e, principalmente, por causa da sentida oração proferida por Torres alguns minutos atrás, solicitando proteção e amparo.

– O que estão fazendo?! – grita Ramires. – Dominem todos!!! Dominem todos!!! Incompetentes!!! Incompetentes!!! Vão pagar caro por isso!!!

Os Espíritos das trevas, visivelmente assustados com as ameaças de Ramires, parecem desligar-se cada vez mais de suas vítimas.

XXII

E do lado de fora do circo...

– Daqui a pouco vão deixar-nos entrar. Não vejo a hora de começar a função. Há muito tempo não assisto a uma peça teatral.

– Será que irão apresentar fenômenos espíritas? – pergunta uma mulher.

– Não sei, não. Ouvi dizer que esses fenômenos só ocorrem se os Espíritos quiserem.

– Você acredita, mesmo, que esses Espíritos existem? Quer dizer, quando morremos, nos transformamos em Espíritos?

– Acredito um pouco, sim, porque, senão, de que adianta tudo o que passamos nesta vida? Não podemos simplesmente morrer, não é verdade? Se tudo se acabasse com a morte, qual seria a finalidade da vida? Creio que devemos continuar como Espíritos ou como Almas, sei lá o nome, mas devemos continuar. Penso até que teremos um corpo, que os que vivem na carne não enxergam. Gostaria de ler alguma coisa a respeito, sabe?

– Dizem que, no final do espetáculo, eles vendem alguns livros bem baratos. Vou comprar um.

– Não será perigosa essa história de fenômenos? – pergunta uma outra senhora, temerosa. – Tenho um pouco de medo.

– Não sei, Helena – responde a primeira. – Só sei que não perderia isso por nada.

Um senhor, que estava prestando atenção na conversa das mulheres, fala, por sua vez:

– Pelo que sei, somente poderá ocorrer algum fenômeno se dona Nícea estiver bem próxima do local, porque dizem que é ela quem possui uma mediunidade própria para isso e que os Espíritos têm necessidade dela para moverem, por exemplo, algum objeto.

– Disso, a cidade inteira já sabe. Aliás, estamos torcendo para que ela venha assistir ao teatro.

– Veja – diz Dagoberto, que se encontra na fila, logo mais atrás – é o doutor Monteiro que vem chegando. Mas dona Nícea não está junto dele. Será que ela não virá?

– Era só o que nos faltava: Nícea não vir – reclama Aurora, que ali também aguarda ansiosamente, junto com Berenice.

– Será que o professor Enzo também não vem? – pergunta a professora, disfarçando o seu interesse no rapaz.

– Deve ter ficado com ela na fazenda.

– Será?

– Está com ciúmes, não é, Berenice?

– Eu?

– Sim, você. Pensa que não vi o seu interesse pelo professor, quando o viu pela primeira vez e depois lá na casa de dona Débora? Não tirava os olhos dele.

– Deixe de bobagens, Aurora. Pura curiosidade.

– Não se acanhe, minha amiga. Afinal de contas, aqui nesta cidade, será um pouco difícil para você arrumar um casamento.

– Arrumar um casamento? Você acha que eu sou dessas de arrumar um casamento? Está muito enganada, Aurora. Sou uma pessoa muito romântica e somente me casaria com alguém se, realmente, essa pessoa me fizesse apaixonar-me por ela.

– Se tocasse sinos, não é?

– É isso aí.

– Pois, então, penso que o professor fez você ouvir um carrilhão – diz, rindo da amiga.

– Um sininho, talvez – responde a moça, sorrindo, agora um pouco menos tímida.

– Eu sabia.

– Veja. Estão começando a entrar no circo.

– Já não era sem tempo.

Na entrada, encontra-se Torres dando as boas vindas aos que entram, ao mesmo tempo em que distribui mensagens impressas do Espírito Emmanuel, psicografadas pelo médium Francisco Cândido Xavier. À medida que as pessoas entram no circo, Paulo organiza tudo, distribuindo-as pelas cadeiras dispostas em filas. E, num gesto de agradecimento, o doutor Monteiro é encaminhado para um dos lugares bem à frente, onde quatro cadeiras se encontram destacados, através de um pequeno cartaz onde estava escrito "reservado". O fazendeiro, a princípio, não quer aceitar a deferência, mas deixa-se vencer pela insistência de um dos funcionários.

– Será que dona Nícea ainda virá? – pergunta Dimas a Débora, que insistira em vir ao espetáculo, apesar dos insistentes pedidos do esposo que temia que ela se apavorasse novamente se, porventura, algo de anormal ocorresse naquela noite.

– Não sei, Dimas. Será que aquelas cadeiras reservadas são para ela e o professor? Mas por que não vieram juntos?

– Não faço a mínima idéia, apesar de que seria melhor se ela não viesse, não é, querida? Pelo menos, nada de estranho poderá acontecer.

– Não penso assim, Dimas. Sabe? Depois que vi o que vi, alguma coisa modificou-se dentro de mim.

– Modificou-se?

– Sim. Depois que me acalmei, comecei a pensar um pouco e cheguei à conclusão de que fui privilegiada com isso porque eu, que nunca acreditei em nada, apenas cumprindo socialmente os meus deveres religiosos, passei a ter uma visão diferente.

– Como assim?

– Penso o seguinte: se foi, realmente, algum Espírito quem levantou aquele cavalete, e isso ele o fez porque eu vi, é porque existe, sim, esse mundo dos Espíritos e isso me trouxe uma certa tranqüilidade sobre o futuro, o meu, o seu, o futuro de nosso filho Fabinho, ou seja, a morte não existe.

– Você ficou impressionada.

– Não foi somente impressionada, não, Dimas. Estou sentindo um grande interesse em saber mais sobre tudo isso e quero comprar alguns livros sobre o assunto. Penso, inclusive, em vir conversar um pouco com aquele homem.

– O Torres?

– Sim, ele mesmo.

– Confesso que estou impressionado com o que está dizendo, Débora, mas, com toda a sinceridade, estou, também, sentindo-me feliz por você estar interessada numa religião. Acho muito bom isso e, se concordar, gostaria de estudar com você.

– Pretendo, sim, estudar, mas sem compromisso. Quero analisar essa Doutrina com neutralidade.

Logo mais à direita...

– Sabe onde está Bruna, Clara? – pergunta Rodrigues à esposa, tentando localizá-la por entre as pessoas que já se encontram sentadas e as que ainda estão entrando no circo. – Parece que ela perdeu-se de nós.

– Ela deve estar lá dentro, nos camarins, Rodrigues – informa Clara, não mais querendo esconder do marido o fato de Bruna encontrar-se interessada em participar de uma peça teatral amadora, conforme lhe sugerira Luiz Ricardo.

– Nos camarins? O que ela está fazendo nos camarins?

Clara conta-lhe, então, tudo, desde a noite da chegada do circo até o encontro de Bruna com o ator.

– Você não deveria ter-me ocultado isso, Clara. E nem ter permitido que ela fosse falar com aquele artista, naquela noite.

– Perdoe-me, Rodrigues, mas fiz isso por ela. Você a conhece e, graças a Deus, pelo que Bruna me contou, pareceu-me que esse ator lhe deu alguns bons conselhos, tentando tirar-lhe da cabeça essa ilusão de querer ser uma grande atriz da noite para o dia.

– Se ele conseguir isso, serei eternamente grato a esse rapaz. Mas o que ela foi fazer nos camarins?

– Luiz Ricardo, sabendo de seu grande interesse, convidou-a para assistir dos bastidores para que ela veja como tudo funciona.

– Tudo bem. E você? O que pensa a respeito do que aconteceu aqui com dona Débora? Será que vão mesmo apresentar algum número desse tipo, hoje à noite? Estou muito curioso.

– Não sei, Rodrigues. Pelo que estou sabendo, para que isso aconteça, é necessária a presença de Nícea, a filha do doutor Monteiro, pois dizem que ela tem a capacidade de doar, como se diz, energia ou um tal de fluido para que isso ocorra.

– Também estou sabendo disso. Mas pelo visto, parece que ela não virá. O doutor Monteiro está sozinho lá na frente.

– Boa noite, Rodrigues – cumprimenta Fortunato, o diretor da escola, que acabara de chegar com sua esposa, Fátima.

– Que bom que vocês vieram. Como vai, Fátima?

– Tudo bem, Clara. Realmente, eu não queria vir, mas o Fortunato insistiu tanto e desculpe-nos por não termos avisado vocês, já que ele havia combinado que viríamos todos juntos.

– Não tem importância, Fátima. Estou contente da mesma forma. Onde vão se sentar?

– Logo ali na frente, naquelas cadeiras. Não querem ir conosco?

– Vamos, sim.

– Boa noite a todos – cumprimentam José de Paula e sua esposa que acabam de chegar naquele momento. Vocês vão se sentar mais lá na frente?

– Vamos acompanhar seu Fortunato e dona Fátima.

– Certo. Então, nos sentaremos aqui no lugar de vocês.

Os casais dirigem-se, então, para as outras filas de

cadeira, enquanto José de Paula e sua esposa Maria das Graças acomodam-se, ali mesmo.

– Puxa, José, até Fátima veio ao circo. Ela é tão introvertida e quase não sai de casa.

– É. Este circo está operando milagres.

– Será que apresentarão o fenômeno?

– Não sei, das Graças. Mas gostaria de ver, porque só vi o efeito que ele causou em dona Débora.

– Mas você foi muito curioso, não, José? Bisbilhoteiro! – brinca a esposa.

– Bisbilhotar é comigo mesmo.

– Não é à toa que a turma da farmácia tem mais pontos que a da barbearia.

Mais alguns minutos e o circo encontra-se totalmente tomado pelos espectadores. Lotação completa. As luzes se apagam e apenas um *spot* ilumina o centro do grande palco, de cujo fundo aparece Torres, que se encaminha até a beirada do mesmo, de onde cumprimenta a todos.

– Boa noite, senhoras e senhores. É com grande júbilo e enorme alegria no coração de cada trabalhador deste circo-teatro que ensejo as boas-vindas a todos, desejando que tenham algumas horas de sadio entretenimento e aprendizado com a peça espírita *A Verdadeira Felicidade*. Nesta noite, queridos irmãos, verão desfilar, sob os seus olhos, algumas das bases principais da Doutrina Espírita, revelada pelos Espíritos Superiores e codificada por Allan Kardec. Devo dizer aos amigos que nós, espíritas, não temos por hábito fazer proselitismo, mas nos é uma grande obrigação, colocar à disposição de nossos irmãos o conhecimento dessa nossa doutrina porque dela muito recebemos. A Doutrina Espírita nos torna mais confiantes nos desígnios de Deus, nosso Pai, consolando o nosso coração e reformando o nosso íntimo. E, como é costume nosso, pedimos permissão a todos vocês para iniciarmos esta nossa noite com uma pequena prece: Deus, nosso Pai, Jesus, nosso Mestre e Amigos Espirituais aqui presentes. Rogamos que nos abram o coração nesta noite para que nós, artistas, possamos dar o melhor de nós e para que nossos irmãos espectadores possam aproveitar estes ensinamentos da melhor forma possível, da forma que mais lhes convier neste momento em que vivem e que somente Deus, nosso criador, sabe do que mais necessitam. Rogamos as bênçãos para que possamos compreender todas as vicissitudes pelas quais todos nós passamos e agradecer por tudo de bom que conosco acontece. Pedimos que todas estas bênçãos, todas estas luzes, sejam de alguma forma levadas a todos os nossos irmãos que soluçam e que sofrem, abrindo, em seus corações, oportunidades e desejo de conhecer os ensinamentos que Jesus nos legou. E é com um de seus maiores legados que pedimos permissão aos Amigos Espirituais para darmos início à nossa apresentação da noite de hoje. Trata-se da oração "Pai Nosso" que solicitamos a todos os irmãos aqui presentes proferirem comigo, mentalmente. Torres, então, recita a oração, após o que, fala novamente a todos:

– Queridos irmãos, tenho ouvido falar pela cidade que muitos para aqui vieram com o único propósito de ver repetir-se a cena ocorrida ontem e que dona Débora assistiu, pois naquele momento estava entrando aqui neste circo. Esse fenômeno, na verdade, um tanto raro, não é exclusivo dos espíritas, mas sim, um fenômeno provocado por Espíritos com o auxílio da mediunidade denominada “mediunidade de efeitos físicos”, que algumas pessoas possuem e que pode ocorrer a qualquer momento com pessoas de outros credos religiosos ou, mesmo, com aqueles outros que em nada acreditam. Devo adiantar a todos os presentes que não é nossa intenção provocá-lo nesta noite, mesmo porque não somos nós, Espíritos encarnados, quem os promove ao nosso bel-prazer. A resolução de provocá-los parte do mundo espiritual, evidentemente, com o auxílio de um médium, como já disse, e nem mesmo esse médium possui controle sobre ele. Muitas vezes, eles são provocados sem a anuência e, mesmo, sem o conhecimento do portador desse tipo de mediunidade. Por esse motivo, não quero que se sintam frustrados com a provável não ocorrência desse fenômeno nesta noite. Porém, quem quiser saber mais a respeito desses acontecimentos e de tantos outros, inclusive o das mesas girantes com as quais Allan Kardec comunicava-se com o mundo espiritual, poderão, na saída do espetáculo, adquirir livros da coleção do codificador, onde, certamente, encontrarão as respostas para suas dúvidas. Da mesma forma, peço que nada receiem se o fenômeno vier a ocorrer, pois Espíritos Superiores inundam este ambiente de luzes e bênçãos.

Nesse exato instante, um burburinho toma conta de todo o circo com a entrada de Nícea e Enzo que, auxiliados por um dos funcionários, facilmente encontram o doutor Monteiro e ao seu lado se sentam. Nícea percebe que o pequeno e respeitoso alarido fora por sua causa e não ousa olhar para nenhum lado, pois sente que os olhares encontram-se concentrados nela. Arrepende-se de ter-se atrasado, mas fora novamente tomada pela indecisão. Não sabia se deveria vir ou não ao circo. Somente a muito custo, Enzo conseguira convencê-la e, percebendo que a moça ficara acabrunhada com aquela manifestação por parte dos presentes, segura sua mão entre as suas, dizendo-lhe, baixinho:

– Não se perturbe, Nícea. Procure acalmar-se e faça como seu Torres disse: entregue tudo nas mãos de Deus. Você não pode fugir dessa sua mediunidade. Terá que encará-la de frente e colocá-la a serviço do Bem.

– Muito obrigada por todas as suas palavras que muito me ajudaram neste dia de hoje, Enzo. Deus lhe pague.

– Mas como estava dizendo – continua Torres, procurando sair do assunto – desejo a todos uma noite de muito entretenimento e de muito aprendizado. E com vocês, *A Verdadeira Felicidade*.

A peça, então, tem início, contando as desventuras de um casal com seu filho, viciado em drogas e a revolta do pai para com Deus. Lágrimas emocionadas são furtivamente enxugadas por todos os presentes no decorrer de toda a peça, dividida em doze atos. No final, aplausos não faltam naquele recinto, onde a maioria parece ter encontrado uma nova forma de encarar a vida e entender as coisas do Universo. Seu Torres volta à cena e agradece a atenção e a presença de todos.

❊ ❊ ❊

– Vamos, Célio – sugere, carinhosamente, o Espírito Bráulio. – Faça alguma coisa de útil e poderá ser auxiliado. Já pudemos perceber que se encontra muito cansado da vida que leva e que gostaria de mudar o seu rumo, em direção à verdadeira felicidade.

– Não posso fazer o que me pede. Serei castigado.

– Nada tema, Célio. Olhe bem à sua frente e veja quem o está amparando neste momento decisivo. Sabe que não está sozinho. Olhe bem à sua frente.

– Meu pai! O que esta fazendo aqui?! Há quanto tempo não nos vemos!

– Filho querido, eu e sua mãe nunca saímos de perto de você. Apenas não conseguia visualizar-nos por causa do baixo campo vibratório em que se encontrava. Mas, agora, tudo poderá ser diferente e poderá vir conosco. Nós o levaremos para um lugar onde não somente será convenientemente tratado em um hospital, como poderá, um dia, unir-se a nós nesta batalha do Bem contra o mal.

– Não posso mais, meu pai. Deus esqueceu-se de mim. Abandonou-me no momento em que mais precisava.

– Não tente enganar-se a si próprio. Foi você quem O abandonou, filho. O seu orgulho e a sua vaidade falaram mais alto. Pretendia ser recebido, após a morte de seu corpo físico, com honrarias que não merecia. E Deus é justo e bom e não poderia permitir que se fizesse diferenças entre seus filhos.

– Não sei, pai.

– Se não quer me ouvir, ouça, então, sua mãe que muito o ama e que sofre em ver você dessa maneira.

– Minha mãe?! Onde está ela?!

– Bem aqui, filho querido.

Nesse momento, Célio consegue visualizar a mãe que caminha em sua direção de braços abertos.

– Chegue-se a mim, Célio. Quero afagar-lhe os cabelos como quando era minha criança querida, inocente e meiga.

– Mamãe! – exclama o Espírito, abraçando-se a ela – Perdoe-me esta minha forma, mãe querida.

– Aproveite, meu filho, a lição desta noite. A peça teatral que você tanto combateu repete-se conosco.

– É verdade, minha mãe. Abrace-me, também, meu pai.

– E, então, Célio? – pergunta-lhe Bráulio.

– Deus lhe pague, Espírito do Bem, por ter-me proporcionado tão feliz reencontro. Irei com meus pais, se me for permitido.

– Já está autorizado, mas lembre-se de que lhe fiz um pedido.

– Oh, sim. E o que quer que eu faça?

– Necessitamos de suas vibrações e de seu concurso para atendermos a algumas pessoas, sedentas de uma manifestação do mundo espiritual.

– *Diga-me, então, o que fazer.*

– *Venha comigo. Eu lhe direi.*

* * *

Nesse momento, muitas das pessoas já estão deixando o circo, bastante emocionadas com a peça e com muitos pontos de interrogação em suas mentes, tamanho o impacto das verdades que ali foram desfiladas através dos textos e das interpretações dos atores. E, do lado de fora, procuram adquirir obras básicas de Allan Kardec a fim de se inteirarem mais sobre o assunto. Muitas o fazem um pouco constrangidas pelo fato de pertencerem a outra religião, mas não conseguem se conter. Outras, um pouco mais discretas, pedem aos filhos ou a algum amigo que comprem os livros. Dentro do recinto do espetáculo permanecem apenas alguns poucos: o doutor Monteiro, Nícea, Zé da Graxa, Enzo, Luiz Ricardo, seu Rodrigues e a esposa que aguardam Bruna, seu Fortunato, dona Fátima e os filhos, Dimas e Débora, Dagoberto, José de Paula, Ariovaldo e mais alguns outros amigos que conversam a alguns metros do palco com o senhor Torres, que faz questão de agradecer ao fazendeiro e prefeito por toda a colaboração recebida.

– Deus lhe pague, doutor Monteiro, por ter-nos propiciado esta oportunidade de estarmos oferecendo os nossos conhecimentos e a nossa crença ao povo de Santelmo.

– Não há o que agradecer, seu Torres – responde o

doutor Monteiro. – Nós é quem temos que agradecer-lhes por tão magnífico espetáculo teatral.

Nesse momento, Tomás, filho de Fortunato, arregala os olhos e aponta para o palco:

– Pai! Mãe! Olhem!

– Meu Deus! – exclama dona Fátima, mãe do menino, recuando um passo e agarrando o braço de Fortunato.

Todos se voltam para o palco e uma só interjeição de espanto e assombro irrompe dos lábios dos presentes.

– Meu Deus! – exclama, por sua vez, Dagoberto – Não posso acreditar no que estou vendo.

Realmente, a cena que se apresenta aos olhos de todos é por demais inusitada: um belo e vermelho botão de rosa que se encontrava, dentre outros, num vaso a decorar o palco, encontra-se, nesse momento, flutuando a cerca de dois metros do solo, movimentando-se levemente, como que num suave bailado. O assombro é geral, o que não ocorre com o senhor Torres e Nícea, que sorriem felizes diante do fenômeno.

– O que é isso, seu Torres? – pergunta José de Paula.

– Não se assustem, por favor. Acredito que os Espíritos estejam querendo homenageá-los – responde o homem.

Nem mal acaba de falar, o botão de rosa, suavemente, vem ter até onde estão e encosta-se nas mãos de Nícea.

– É para você, minha filha – informa seu Torres. –

Estão dizendo que você o merece e que muito esperam de sua mediunidade e do seu trabalho e que estarão sempre ao seu lado. Apanhe-o, Nícea.

A moça, então, com lágrimas nos olhos, segura o botão, desferindo-lhe delicado beijo de agradecimento.

Todos os presentes rendem-se, também, à emoção e, após alguns minutos, agradecendo a Torres por tudo o que ali presenciaram, despedem-se em profundo e respeitoso silêncio, permanecendo, ainda, Nícea, Enzo, Zé da Graxa e Luiz Ricardo. O doutor Monteiro também se despede e é acompanhado por Torres até a saída do circo.

XXIII

– Bruna! Onde estará ela?! – pergunta-se, preocupado, Luiz Ricardo, pois a moça estivera nas coxias, na parte lateral do palco e deveria ter assistido o fenômeno do botão de rosa, bem de perto. Corre, então, até lá e, subindo por uma pequena escada lateral, encontra a moça encostada numa das paredes, chorando. Ele tira um lenço do bolso e procura enxugar-lhe as lágrimas.

– Não chore, Bruna. Não chore. Meu Deus, você estava aqui sozinha quando tudo aconteceu. Deve estar muito assustada.

– Não estou assustada, não, Luiz Ricardo, estou muito emocionada.

– Venha comigo. Vamos descer e sentar-nos um pouco lá na platéia.

Dizendo isso, procura tirá-la dali e vendo que a moça está trêmula, tira o próprio casaco, agasalha-a, e a enlaça pelos ombros. Quando já estão descendo do palco, seu Rodrigues que, antes de sair, estivera à sua procura, grita-lhe o nome:

– Bruna, onde você estava? Vamos para casa.

– Quero ficar mais um pouco aqui, papai.

– Vamos para casa, filha – pede-lhe a mãe, aproximando-se dela.

– Vão vocês. Gostaria de ficar aqui mais um pouco. Quero conversar com Luiz Ricardo.

– Acho melhor irmos todos para casa – pede o pai.

Nisso, aproxima-se Enzo, Zé da Graxa e Nícea que, carinhosamente, a toma dos braços do moço, dizendo a seu pai:

– Se o senhor permitir, seu Rodrigues, nós a levaremos para casa. Deixe-a ficar conosco um pouco.

– Está bem – concorda o homem. – Se não for lhes dar trabalho...

– De maneira alguma. Bruna deve estar um pouco impressionada e será bom que ela converse conosco.

– Muito obrigada, Nícea – agradece dona Clara. – Tenho certeza de que será muito bom para ela. Na verdade, estamos todos muito impressionados, ou, nem sei bem ao certo, talvez emocionados.

– Acredito que emocionados seja um termo melhor, pois a peça foi muito bonita e muito rica de ensinamentos – diz Nícea.

– Com toda a sinceridade – diz seu Rodrigues –, devo confessar que nunca havia pensado nesses pontos que aqui foram tocados nesta noite. Sei que estou levando junto comigo muita coisa em que pensar e que pretendo raciocinar a respeito.

– Vamos, então, Rodrigues – pede dona Clara.

– Vamos e boa noite a todos.

– Boa noite, seu Rodrigues.

– Sente-se aqui, Bruna – pede Luiz Ricardo, sentando-se ao seu lado e explicando: – Ela estava bem ao lado do palco, nas coxias, quando o botão de rosa fez aquela levitação.

– Ficou muito assustada, Bruna? – pergunta Zé da Graxa.

– Já disse ao Luiz Ricardo que não fiquei assustada e, sim, muito emocionada com a peça e com o fenômeno. Nunca havia sentido uma emoção tão forte, dessa maneira. Parece que tudo o que estavam falando e tratando no palco, eu já conhecia. Impressionante!

– Isso é porque você já reencarnou preparada para receber esses ensinamentos.

– Será...? – pergunta a moça, interessada.

– Pode ter certeza – afirma Zé da Graxa.

– Agora estou começando a entender por que vocês fazem tanta questão de divulgar esses pensamentos espíritas, Luiz Ricardo. Essa maneira de encarar as coisas do Universo deve fazê-los muito felizes, muito confiantes.

– Disso você, também, pode ter absoluta certeza, Bruna – responde o moço.

– E é por isso que a satisfação de apresentar uma peça dessas torna-os tão felizes, sem se preocuparem com a fama.

– Você, realmente, está compreendendo – diz, contente, o rapaz. – Era justamente isso que eu estava tentando lhe transmitir quando você veio até o circo, para conversar comigo. A fama deve ser para o artista, apenas uma conseqüência de seu trabalho, pois a verdadeira e real felicidade é estar passando a sua mensagem às pessoas.

– Eu estava muito enganada a respeito da fama, Luiz Ricardo. Achava que poderia ser feliz apenas com ela e, agora, sinto que estou encontrando algo muito mais belo, muito mais perene. Sabe, sempre quis ser uma artista, mas nunca fiz nada para isso. Será que ainda dá tempo para que eu aprenda?

– Sempre é tempo para se aprender e realizar muitas coisas boas, Bruna, pois a nossa vida é eterna e tudo o que adquirimos de bom nunca é perdido. Carregamos conosco todo o Bem que adquirimos.

– Gostaria tanto de ter uma oportunidade, mesmo que fosse, talvez, apenas para colaborar.

– Pois se quiser, poderemos dar-lhe essa oportunidade.

– Está falando sério? – pergunta, radiante, a moça que, nesse instante, compreende estar sentindo algo muito mais forte que apenas admiração pelo rapaz. Seu coração começa a bater descompassadamente ao sentir que, talvez, ele lhe esteja falando de tentar uma atuação teatral no próprio circo.

– Falo sério, Bruna. Nossa irmã Doroty, que fazia um papel secundário na peça, aquela que deu à luz estes dias, não poderá atuar por uns tempos, haja vista, a sua maternidade, devendo retornar para a casa de seus pais até que ela e o bebê estejam em condições de acompanhar-nos. Hoje, na peça, tivemos que fazer algumas modificações para suprimir o seu papel. Seu marido Bernardo, proprietário deste circo a acompanhará e Torres cuidará dos negócios para ele. Se você quiser, poderá fazer um teste, amanhã mesmo, e começar a atuar em seu lugar.

– Enquanto o circo estiver nesta cidade?

– Enquanto estivermos nesta cidade e, se quiser, quando formos para a próxima cidade vizinha. E, se tudo der certo e quiser fazer parte de nossa companhia...bem...depois veremos.

– Mas isso é ótimo! Meu Deus, será que vou conseguir?

– Tenho certeza que sim. Só tem um detalhe.

– Qual?

– Gostaria que lesse a respeito de nossa Doutrina. Veja bem: não estou obrigando-a a seguir os nossos princípios religiosos, mesmo porque, alguns de nossos funcionários não são espíritas, mas penso que não deveria deixar passar esta oportunidade de conhecer o Espiritismo. Sem compromisso. Leia a respeito, estude e depois você terá toda a liberdade de aceitá-la ou não.

– Estou muito interessada em aprender, sim, Luiz Ricardo.

– Pois hoje mesmo falarei com seu Torres. A propósito, você deve consultar seus pais a respeito disso. Afinal de contas, no meu entender, o fato de você ser maior de idade, não lhe dá o direito de deixá-los fora de suas decisões.

– Você tem toda a razão, Luiz Ricardo, mas gostaria de fazer um teste primeiro, antes de falar-lhes.

– Acho justo, mesmo porque, não estou lhe prometendo nada. Terá que fazer um teste antes.

– É assim que também desejo. Inclusive, se puder fornecer-me um *script* das falas de Doroty, gostaria de já tomar um contato.

– Perfeitamente, Bruna. Vou buscá-lo – diz Luiz Ricardo, saindo em direção aos camarins.

– E você, Nícea? Como se sente? – pergunta Enzo.

– Estou muito bem. Um pouco assustada com tamanha responsabilidade que, de repente, descobri pesar sobre os meus ombros, mas pretendo aprender bastante a fim de poder bem utilizar esta minha mediunidade. Só não sei como fazê-lo.

– Não se preocupe com isso, Nícea – diz Zé da Graxa. – Poderemos formar um grupo de estudo e o resto, tenho plena certeza, virá com o tempo, assim como teremos muita proteção dos Amigos Espirituais. Isso foi seu Torres quem me disse, hoje, antes do espetáculo e reportou-se, também, a algo de suma importância dentro do Espiritismo. Disse-me ele que apenas o estudo não é o suficiente. É necessário que se promova um trabalho de assistência aos menos favorecidos pela sorte, porque é através da caridade para com o nosso próximo que atrairemos os Espíritos de Luz como companheiros de nosso trabalho. Como já devem saber, a máxima do Espiritismo é a caridade em sua mais ampla acepção.

– Boa fala, Zé – diz Enzo.

– Bem, agora, vou para casa descansar.

– Até amanhã, meu amigo e Deus lhe pague por tudo o que tem feito por mim – agradece Nícea.

– Não tem nada a agradecer, moça. Eu é que lhe agradeço a amizade que passou a me dedicar.

– Boa noite, Zé – diz Enzo.

– Eis o *script*, Bruna – fala Luiz Ricardo, entregando-lhe uma brochura. – Sua fala começa na página oitenta e quatro e o personagem se chama Dalva.

– Vou lê-lo esta noite mesmo.

– Bem, vamos, então, Enzo? – convida Nícea. – Ainda temos que levar Bruna antes de irmos para a fazenda.

– Por favor, – pede Luiz Ricardo – se me permitem, gostaria de acompanhar Bruna até sua casa. Posso, Bruna? Gostaria de conversar um pouco mais com você.

– É lógico que pode – concorda a moça, alegremente, o que não consegue passar despercebido por todos.

– Vamos, também, Enzo?

– Vamos.

Nícea e Enzo retiram-se do circo e, tomando assento no automóvel do rapaz, partem em direção à fazenda.

– Sinto que Luiz Ricardo e Bruna vão acabar enamorando-se um do outro – comenta Nícea.

– Também acho – concorda Enzo. – Percebi muito carinho em seus olhares.

– Amor à primeira vista. Você acredita em amor à primeira vista, Enzo?

– Tenho certeza de que existe.

– Sei que é solteiro. Foi meu pai quem disse. Nunca pensou em casar-se, Enzo?

– Já, sim.

– E não deu certo, por quê?

– Já namorei algumas vezes, mas nunca consegui sentir muita intensidade em meus sentimentos e, por esse motivo, sempre preferi não levar minhas relações muito a sério. E você?

– Penso que temos isso em comum, sabe?

– Gostaria que tivesse mais alguma coisa em comum comigo.

– E que tipo de coisa você gostaria que eu tivesse em comum com você?

– Acho...bem...tenho certeza de que me apaixonei por você. Amor à primeira vista.

– Então temos tudo em comum, Enzo.

* * *

– Nícea e Enzo ainda não chegaram? – pergunta o doutor Monteiro a Elza que, ainda acordada, serve uma xícara de chá com torradas ao patrão.

– Ainda não, doutor. Espere. Estou ouvindo o som de um carro chegando. Devem ser eles.

– Diga-lhes que quero lhes falar e depois pode recolher-se, Elza.

– Não quer que os sirva, também?

– Preciso ter uma conversa com eles, Elza. Eles se servirão depois.

– Tudo bem. Boa noite, doutor Monteiro.

– Boa noite, Elza.

A empregada recebe Nícea e Enzo e informa-lhes que o doutor Monteiro deseja falar-lhes e, antes de retirar-se para seu quarto, a mulher não se contém e com um sorriso pergunta aos dois, ao vê-los chegarem de mãos dadas:

– Vocês estão namorando?

– Estamos, sim, Elza.

– Pois faço muito gosto – diz a empregada, humildemente.

– Ficamos contentes por isso – diz Enzo.

Dirigem-se, então, à sala de estar.

– Pois não, papai. Quer falar conosco?

– Sim, minha filha. Sentem-se. A conversa que quero

ter com você, bem que poderia ser particular, mas sinto que Enzo, de quem em poucos dias, aprendi a gostar e, também, pelo que vi quando chegaram, aqui desta janela...

– Estamos namorando, papai.

– Foi o que eu quis dizer. Bem, penso que seria bom que Enzo também ouvisse o que tenho a lhe dizer.

– O senhor parece preocupado, papai.

– Estou um pouco, sim. Aliás, há já algum tempo.

– Aconteceu alguma coisa?

– Ainda não, filha, mas imagino que poderá vir a acontecer daqui a alguns meses, talvez.

– E o que é, meu pai?

– Sabe, filha, seu pai sempre procurou agir com muita honestidade em seus negócios e sempre procurou trabalhar bastante.

– Tenho plena convicção disso.

– Pode ter toda a certeza. Acontece que os negócios não estão indo muito bem, ultimamente.

– Não?

– Não. Tivemos prejuízo numa de nossas colheitas e numa grande venda de cabeças de gado, o comprador, que sempre honrara seus compromissos, acabou falindo, sem que eu tivesse tido conhecimento com antecedência de que ele se encontrava com dificuldades financeiras. Por esse motivo, precisei pedir alguns empréstimos a bancos e percebo que a médio prazo vamos ter algumas dificuldades. Quer dizer, não teríamos se não necessitasse, urgentemente, realizar uma grande obra aqui na fazenda a fim de resolver um problema muito sério que poderá prejudicar a cidade inteira, se não for celeremente resolvido.

– E que tipo de problema é esse, papai? – pergunta Nícea, angustiada com a gravidade que o pai coloca em sua entonação de voz.

– Acontece que o que eu temia já começou a ocorrer e tenho notado o agravamento do problema a cada dia que passa.

– Que problema é esse, meu pai?

– Nosso pequeno rio, ou seja, a sua nascente, está se esgotando. Tenho percebido que ele vem abaixando o nível. Não sei se isso é proveniente, talvez, de alguma movimentação dentro do solo, diretamente no lençol d'água. O que sei é que, realmente, o nível da água vem baixando.

– E o que poderá ser feito, pai?

– Eu conversei com o proprietário da fazenda mais próxima e ele autorizou-me a utilizar um dos rios que passa por suas terras, mas para isso, terei que desembolsar uma grande quantia em dinheiro com as obras, pois a distância é muito grande e não disponho desse montante no momento e muito menos a prefeitura. O que possuo dará apenas para saldar as nossas dívidas e investir em mais plantações e gado, necessidade premente de toda a atividade de nosso povo.

– E o que pretende fazer, meu pai?

– Estive pensando muito e concluí que chegou a hora de tomar uma decisão que eu não gostaria de tomar, mas, infelizmente...

– E que decisão é essa, pai?

– Ainda tenho alguns meses para tentar recuperar o nosso rio e só vejo uma possibilidade para isso.

– E qual é?

– A de explorar a nossa fazenda, turisticamente. Temos muitos atrativos aqui e poderemos criar outros, como um grande lago para pesca, trilhas na mata e a transformação desta casa em um hotel fazenda.

– Mas não vejo como, papai. Se não tem condições financeiras para desviar o curso do rio da fazenda vizinha para cá, como fará para construir tudo isso? E, além do mais, o retorno não seria imediato.

– Sim, mas seu Laerte, proprietário dessa fazenda, fez-me a seguinte proposta: ele realiza as obras de desvio do rio se eu lhe conceder sociedade no hotel fazenda, para o qual arcará com as despesas.

Nícea abaixa tristemente a cabeça, pois sabe o quanto seu pai é contrário a essa idéia, mas logo se recupera pois percebe que terá que apoiá-lo nessa resolução.

– Se o senhor acha que é o mais certo, meu pai, tem todo o meu apoio.

– Muito obrigado, filha.

– Mas o senhor tem certeza que dará certo esse empreendimento?

– Tenho. Já fiz muitas pesquisas e, agora com mais certeza, pois o Benedito descobriu que, por detrás daquela rocha à frente do paredão existe uma grande caverna que poderemos explorar como ponto turístico. Sei que as pessoas gostam muito disso.

– Caverna, pai?

– Sim e já dei ordens para que Benedito, com outros rapazes, construam uma pequena ponte. Talvez, amanhã mesmo, possamos visitá-la.

– Nunca poderia imaginar. Será que nem vovô sabia disso?

– Creio que não. Nunca ouvi falar.

– Mas como é possível? Uma caverna por detrás da rocha e ninguém nunca ter percebido.

– Bastante interessante – comenta Enzo.

– Bem, papai, se o senhor diz que não há outro jeito, só me resta apoiá-lo nisso.

– Pode contar comigo, também – diz Enzo.

– Sei que poderei contar com vocês, apesar de doer-me o coração fazer isso. Sempre quis preservar aquela mata e sei que não será a mesma coisa depois que as pessoas começarem a chegar. Sempre procurei manter a tranqüilidade nestas terras, nesta cidade. Mas o que posso fazer?

– Não se atormente, papai. Deus sabe que o senhor sempre foi uma pessoa boa e muito bem intencionada. E Ele nos ajudará.

– E você continua a ser a minha grande menina – diz o fazendeiro, levantando-se e abraçando a filha, carinhosamente, enquanto Enzo se emociona com a cena.

XXIV

– O que achou do espetáculo de ontem, Ariovaldo? – pergunta Dagoberto, assim que este entra na barbearia. É domingo, mas a barbearia é aberta até a hora do almoço. Em especial, neste dia, encontra-se lotada pelos seus freqüentadores. Lá estão Fortunato, o diretor da escola, Gustavo, do açougue, Farias, da loja de armarinhos, Euclides, da loja de ferragens, Dimas, o encarregado das finanças da prefeitura, Alonso, o industrial e vice-prefeito da cidade. Até José de Paula, o farmacêutico, encontra-se presente e o assunto é um só: o fenômeno que alguns deles assistiram no circo na noite anterior.

– Da peça teatral ou do botão de rosa? – pergunta o gerente do banco.

– Dos dois.

– Bem, achei bastante interessante como foi colocada a questão da sobrevivência do Espírito após a morte e até comecei a ler alguma coisa a respeito no livro que adquiri. Minha esposa é quem se encontra mais interessada. Quanto ao episódio da rosa, sinceramente, não sei o que dizer.

Ainda pretendo ler a respeito. Agora, que ela flutuou no espaço, isso não há como negar.

– É isso que estamos dizendo para o Euclides, que insiste em afirmar que deve ter sido um truque de mágica.

– De maneira alguma – afirma Ariovaldo. – Aquele botão de rosa, realmente, flutuou até as mãos de dona Nícea, que o apanhou. Nada havia que o segurasse, nenhum fio, nem nada. Eu estava bem do lado dela e vi tudo.

– É o que estou dizendo para ele. Eu também estava do lado dela.

– Além do mais, – interfere Dimas – quando minha esposa viu aquele cavalete flutuar, não havia porque aquilo acontecer por meio de um truque, já que não havia nada por sobre ele e estava muito próximo de todos.

– É verdade – diz Dagoberto. – Realmente, é verdade. Não me lembrava mais disso.

– E podem ter absoluta certeza de que minha Débora falou a pura verdade.

– Disso nós sabemos, Dimas – diz Farias.

– Mas será que foram, mesmo, os Espíritos que o ergueram?

– Não seria uma força mental? – pergunta Macedo. – O padre Francisco, pelo menos, diz que é.

– Pena que ele não estava lá, ontem.

– O padre irá assistir hoje.

– E será que vai acontecer de novo?

– Não sei, não. Acredito que dona Nícea não estará lá.

– Vamos raciocinar um pouco – pede José de Paula. – Alguma coisa fez aquela rosa levitar, correto?

– Certo.

– Pois bem. Não seria muito mais plausível e lógico que um Espírito o fizesse? Não seria uma explicação muito mais simples?

– Você, agora, é espírita, José? – pergunta Euclides.

– Não, não sou espírita, mas li sobre o assunto e percebi lógica na explicação dada por um livro de Allan Kardec, que adquiri ontem. Se querem saber, passei a noite toda lendo-o e existe essa explicação e repito: possui uma lógica muito grande.

– Gostaria de ler também – fala, por sua vez, Dagoberto.– Confesso que estava um tanto céptico, mas após o Dimas lembrar-me como foi que sua esposa presenciou o fenômeno, acho que nada mais justo que eu tome conhecimento da explicação dos Espíritos, antes de chegar a uma conclusão. Penso que seria muito mais justo e correto que primeiro procurássemos saber a respeito das coisas, antes de criticá-las ou criar teorias que nada explicam.

– Você tem toda a razão, Dagoberto – apóia

Dimas – e tenho a intenção sincera de estudar essa doutrina. Na verdade, ela já fez um grande bem para minha esposa.

– Ei, mestre Doca, aonde vai? Chegue até aqui – chama Alonso ao ver o velho que caminha pela calçada, completamente absorto em seus pensamentos, sem nem ao menos olhar para o interior da barbearia. O homem pára e parece indeciso com o que fazer.

– Ô mestre Doca, entre aqui. Venha tomar parte na conversa – pede Dagoberto. – Vamos, homem. O que está acontecendo?

Mestre Doca olha primeiro para os lados e, lentamente, entra no recinto onde Fortunato, gentilmente, oferece-lhe a cadeira onde está sentado.

– Obrigado, meu amigo. Estou, mesmo, um pouco cansado.

– Pois, então, sente-se.

– Está se sentindo mal? – pergunta-lhe José de Paula.

– Fisicamente, não.

– O que tem, então?

Alonso e Dimas entreolham-se, num mútuo entendimento, abaixando as cabeças. Na verdade, apesar de não se arrependerem do que fizeram na noite passada, sentem grande pena do velho, pois, na verdade, eles o enganaram e deve ser isso que ele está sentindo.

– Sinto-me muito magoado por dentro, pois bebi demais ontem à noite e devo ter falado o que não devia, não é, Alonso? Não é, Dimas?

– Bem...mestre Doca – balbucia Alonso. – Esqueça isso e fique tranqüilo. Tudo o que você falou, pode ter certeza, será de grande proveito para todos. Fique tranqüilo.

– E o que foi que o senhor disse ontem, mestre Doca? – pergunta, curioso, José de Paula.

– Ele não vai falar – responde por ele, Dimas. – É um segredo entre ele, eu e Alonso.

– Que espero continue sendo um segredo – pede o velho.

– Não sei, meu amigo – diz Alonso, não querendo mais enganá-lo. – Não sei.

– Mas que mistério é esse? – pergunta, por sua vez, Gustavo. – Será que nós temos segredos uns para com os outros?

– Por favor, meus amigos – pede Dimas. – Esqueçam esse assunto, pelo menos por enquanto. Se for necessário, no momento oportuno, nós falaremos a todos.

– Só nos faltava essa, heim?! – fala Dagoberto, indignado – Vocês vêm até aqui, jogam uma curiosidade em nossas cabeças e depois falam que não sabem se vão revelar. Mas tenham a santa paciência! Afinal de contas, somos amigos ou não?

– Penso que Dimas somente quererá contar para a turma da barbearia, não é, Dagoberto? Afinal de contas, muitos da farmácia, estamos aqui – diz José de Paula.

– Bom, só se for isso. Daí eu terei o prazer de aguardar até amanhã. Mas, amanhã, eles terão que falar.

– Que pressão! O pessoal da barbearia não brinca em serviço, heim, José de Paula? – comenta Fortunato, que pertence à turma da farmácia.

– Isso é verdade. Nós somos mais liberais.

– Pois nós somos radicais – diz Dagoberto, em tom brincalhão. – Aqui não podem existir segredinhos. Somos uma só família, não é Dimas?

– Certo – responde, chateado pelo fato desse assunto ter sido levantado na frente de todos. Sente muita pena de mestre Doca, que limita-se a ficar calado, brincando com os dedos da mão e que, de repente, levanta-se e despede-se:

– Preciso ir, agora.

– Fique mais um pouco com a gente, mestre Doca. Ainda é cedo.

– Vou até a beira do rio.

– Vamos com você – diz Alonso. – Vamos, Dimas, com o mestre Doca.

– Vamos, sim.

– Por favor, gostaria de caminhar um pouco sozinho – pede o velho.

– Permita-nos que, pelo menos, o acompanhemos até a cerca, lá embaixo.

– Venham, então – consente.

Os três saem e caminham até às margens do rio. Alonso e Dimas não se cansam de desculpar-se com o velho pelo ocorrido na noite passada e pedem a ele que não se preocupe e sugerem que fale ao doutor Monteiro sobre tudo o que lhes revelou quando estava embriagado. E, para tranqüilizá-lo, prometem nada contar a ninguém sobre a caverna e que deixarão a cargo do doutor Monteiro decidir o que fazer. Isso faz com que o velho sinta-se mais reconfortado e aliviado.

– Agradeço muito a vocês, se fizerem isso. Hoje mesmo, à tarde, irei até a fazenda.

– E, mais uma vez, perdoe-nos, mestre Doca. Não devíamos ter feito aquilo. Perdoe-nos.

– Tudo bem. A nossa amizade, certamente, deverá ser muito maior que tudo isso.

– Com certeza.

Mestre Doca, então, começa a caminhar à beira do rio e os dois voltam para a cidade.

– Sinto-me mais aliviado, agora – diz Alonso.

– Eu também e, pelo menos, o doutor Monteiro ficará sabendo a respeito da caverna. Talvez ele resolva aderir à nossa idéia.

– Por mim, pretendo não tocar mais no assunto. Ele que decida.

– Eu também penso assim. Meu Deus, quase perdemos um grande amigo.

– O mais antigo de nossos amigos. Na verdade, nosso segundo pai.

– O segundo pai de todos nós.

* * *

– Talvez hoje terminemos a nossa missão, meus irmãos. Na verdade, a missão de vocês.

– Graças à senhora, sinhá Emerenciana – diz Hilário, o líder dos escravos. – Quanto todos nós devemos à sua bondade! Há mais de um século a sinhá vem nos amparando e auxiliando. Primeiro, quando da morte de seu marido, o coronel Felisbino e que, com sua coragem, abnegação e muito sofrimento, a sinhá foi capaz de retornar as atividades desta fazenda, suas plantações e criações, principalmente, com muita justiça e humanidade para com todos nós, nossas famílias e amparando às mulheres que perderam os seus maridos.

– Mas vocês me ajudaram muito, entregando-me o ouro que ficara preso nas bordas do buraco. Quantos de

vocês arriscaram as suas vidas, dependurados em cordas, a muitos metros de profundidade, desencravando as pepitas presas nas rochas.

– Fizemos isso pela nossa sobrevivência também, sinhá.

– E agora estamos próximos de encerrarmos mais este capítulo de nossa luta.

– Sim e esperamos, mais uma vez, que nos perdoe, sinhá, por termos duvidado da senhora.

– Não me peçam mais perdão, meus queridos irmãos. Vocês fizeram a coisa certa, afinal de contas, não poderiam confiar em mim, naquele momento.

– Mas a senhora confiou cegamente em nós.

– Graças a Deus, estamos próximos do momento em que iremos auxiliar aquele que tanto fez por tantos que para a carne retornaram.

– É verdade. Um grande homem.

– Que possui um grande coração, meus irmãos. Monteiro e Nícea saberão fazer um bom proveito de toda esta dádiva que, na verdade, lhes pertence apenas temporariamente, pois tudo o que existe neste Universo pertence a Deus que a tudo criou. Nós apenas tomamos como empréstimo aquilo que usamos em nossa caminhada. E como sabem, devemos usar as coisas de Deus para o bem de nosso próximo.

– Nós todos lhe agradecemos muito, sinhá.

– Eu, como já disse, é que lhes agradeço, principalmente por terem perdoado meu marido, o coronel Felisbino, hoje, doutor Monteiro.

– E nós lhe seremos eternamente gratos por ter impedido que levássemos a efeito nossa vingança contra ele. Quando descobrimos o paradeiro do coronel Felisbino, reencarnado, nosso pensamento era só de ódio. Não fosse a senhora, com toda a sua bondade e paciência convencer-nos de que ele de há muito havia se modificado e que havia dado guarida a tantos de nossos entes queridos, como seus colonos e que os tratava como a verdadeiros irmãos...

– Inclusive a Maria do Socorro, – diz Tina – que, quando entre nós no passado, tanto bem nos fez, com tantos conselhos e palavras de conforto. A nossa querida preta velha.

– E Jorjão, então, seu próprio assassino! O que ele fez pelo moço!

– E dona Nícea? – pergunta Tina. – Sinto que é a mãe de Antonio.

– Pode ser. Pode ser.

O negro arregala os olhos e balbucia:

– Meu Deus, bem que estava reconhecendo aquele olhar meigo e carinhoso...minha mãe!

– Sua mãe.

– E quanto a Ramires? – pergunta Antonio. – Minha mãe foi por ele morta sem piedade. Eu assisti a tudo.

– Você terá que perdoá-lo, meu irmão. Terá que perdoá-lo se quiser sentir-se livre como todos nós. Vamos, meu irmãozinho. Liberte-se. Não continue a ser um escravo, agora, do ódio e da vingança. Sua mãezinha, agora, está muito bem e ele sofrendo muito.

– Não consigo, sinhá. Bem que gostaria, porque o ódio nos faz sofrer muito. Esmaga o nosso íntimo e oprime o nosso coração.

– Ore bastante, meu irmão. E não se preocupe. Ramires também é um filho de Deus e terá a sua chance de modificar-se.

– Mas foi muita maldade para comigo, sinhá. Além de minha mãe, tirou minha mulher e meus filhos de meu convívio.

– Mas agora vocês estão novamente juntos.

– Não consigo libertar-me, sinhá. É mais forte do que eu.

– Meu irmão, por que pensa que sofreu tanto na vida? Sabe que não deve ter sido à toa. Deus, nosso pai e criador é justo e bom e o que passou só pode ter sido colheita de más sementes lançadas por você mesmo e que, pela força das coisas, acabou retornando-lhe, não como castigo, mas como oportunidade de bendito aprendizado.

– Gostaria muito de saber o que fiz no passado.

– Não o queira, Antonio, pois certamente não irá suportar o que lhe for revelado. O esquecimento do passado é uma dádiva de Deus em nosso próprio favor.

– A senhora acha que fui pior que esse patife do Ramires?

– Não vamos comparar-nos uns aos outros. O que interessa é que perdoemos sempre.

– E Ramires? – pergunta Antonio, agora mais reconfortado e confiante. – Já que temos que perdoá-lo e já que estamos no final de nossa missão, nada mais certo que procuremos auxiliá-lo, então.

– Pois é o que faremos – diz a mulher.

– E como?

– Já enviei uma equipe para buscá-lo.

– Será que conseguirão?

– Tenho plena certeza. Não foram sozinhos. Espíritos mais elevados vieram em nosso apoio, após uma prece que eu e Hilário endereçamos a eles.

Todos encontram-se na mata, próximos ao paredão. Muitos dos escravos estão ativos no trabalho de auxílio a Benedito e aos outros homens, na construção da improvisada ponte de toras de madeira. Na verdade, utilizam-se, neste momento, da mediunidade de efeitos físicos de

Benedito, a fim de auxiliá-los na força física que têm que dispor para colocar os troncos.

* * *

– Segure firme a corda, José – pede Benedito ao outro trabalhador. – Vou soltar o tronco.

– Pode soltar. Está seguro. Meus músculos, hoje, estão mais fortes, Benedito – grita o homem.

– Nunca pensei que iríamos conseguir fazer esta ponte– diz o outro. – Parece que tenho a força de um gigante.

– Eu também. Além da coragem que estou tendo – arremata Benedito.

– Será que é a força da mata?

– Só pode ser.

– Solte o outro, José.

– Lá vai.

– Vamos amarrá-los, rápido!

– Iuuuupiiii!!! – grita Benedito – Conseguimos!!!

– Conseguimos!!! – gritam os outros três homens.

– Agora, pessoal, – diz Benedito – o mais importante que quero lembrar-lhes: o doutor Monteiro não quer que ninguém fique sabendo a respeito desta caverna. Terá que ser um segredo entre ele, sua filha Nícea, talvez o professor e nós quatro. Ninguém poderá saber de nada, certo? Outra coisa, o patrão não quer que ninguém entre na caverna antes dele.

– Pode confiar em nós, Benedito. Pode confiar em nós.

– Muito bem. Agora, esperem aqui e descansem. Vou avisar o doutor Monteiro que já está tudo terminado.

XXV

– Patrão! Patrão! – chega gritando Benedito na casa da fazenda. Já são cinco horas da tarde.

– Entre, Benedito – convida Elza, abrindo a porta – O patrão pede que vá falar com ele lá na sala.

– Com licença.

– Vá entrando. É a porta à direita.

– Com licença, patrão.

– Entre, Benedito, e feche a porta.

– Está tudo pronto, doutor Monteiro.

– A ponte está pronta? – pergunta Nícea.

– Sim, dona Nícea.

– E poderemos entrar lá?

– Quando quiserem.

– Conseguiram colocar a corda como corrimão, Benedito?

– Sim, senhor. A ponte é bem segura. Garanto que ninguém irá cair.

– Bem, então só nos resta irmos ver essa caverna.

– Também vou, papai. Você vem, Enzo?

– Não vou perder essa oportunidade.

– Os três rapazes são de confiança, Benedito?

– Pode ficar tranqüilo, patrão. Prometeram-me absoluto silêncio.

– Certo. Benedito, leve esta caixa para a camioneta. São capacetes e lanternas. Vou levar, também, um gerador de energia elétrica. Assim que estivermos lá dentro, se houver boa ventilação, o ligaremos e iluminaremos a caverna com quatro lâmpadas bastante fortes. Vamos, então.

O Doutor Monteiro sobe na cabine da camioneta, juntamente com Nícea e Enzo. Benedito vai na carroceria do veículo a fim de tomar conta dos apetrechos.

Chegando à mata, os três outros homens ajudam a descarregar a camioneta, levando todo o equipamento até o paredão, próximo à pequena e estreita ponte.

– Quer que experimentemos a ponte, primeiro, doutor?

– Por favor, Benedito, mas não quero que entrem lá, a não ser você, pelo menos por enquanto.

– Certo, patrão. Pessoal! Vamos experimentar a ponte antes. Irei na frente.

Dizendo isso, os quatro sobem nas toras e encaminham-se até próximo da lateral da rocha. Benedito faz sinal para que fiquem parados e atravessa por entre as raízes e folhas, voltando logo em seguida.

– Creio que está bem segura, patrão.

– Certo, Benedito. Agora quero que levem o gerador lá para dentro.

– Vamos, homens. José, pegue deste lado. Você, Cido, traga a caixa de lanternas. E vamos tomar todo o cuidado para que permaneçam embaladas pelo plástico para que não se molhem, se porventura caírem na água. Adiante.

E, novamente, os quatro sobem nas toras e, com muito cuidado, carregam tudo para dentro da caverna. Desta feita, José entra com Benedito.

– Agora, vocês voltem para a margem e ajudem o patrão, dona Nícea e o professor Enzo a virem para cá. Em seguida, aguardem aí e não deixem ninguém se aproximar.

Os homens cumprem as ordens e, rapidamente, o doutor Monteiro, Nícea, Enzo e Benedito entram na caverna.

– Meu Deus! – exclama Nícea. – Parece ser muito grande!

– Vamos pôr em funcionamento o gerador, Benedito. Percebo que há ventilação suficiente para que a fumaça não nos asfixie aqui. Parece que há uma saída de ar nesta caverna.

– Tenho uma idéia melhor, doutor. Trouxe esta

mangueira comigo. Vou engatá-la no cano de descarga dos gases e colocar a outra extremidade para fora da caverna.

– Muito inteligente, Benedito. Faça isso.

– Veja, papai – grita Nícea que, juntamente com Enzo, empunhando uma lanterna cada um, já se encontram mais para o fundo.

– O que é, filha?

– Uma passagem.

– Espere, Nícea. Vamos ligar, primeiro, o gerador, para termos uma visão melhor. Não vão se perder. Tomem cuidado com o chão. Podem haver pedras soltas e algum buraco. Nunca se sabe.

– Já estamos voltando.

– Deu para ver a profundidade, Enzo? – pergunta o doutor Monteiro.

– Não sei. Existe uma parede de rochas a uns vinte metros daqui e, nela, uma pequena passagem que dá para passar apenas uma pessoa de cada vez. Acredito que deva existir alguma outra câmara, depois dessa passagem.

– Já iremos ver. Só peço, mais uma vez, que tomem muito cuidado ao caminhar. Verifiquem bem onde pisar.

– Certo, papai.

– Pronto, Benedito? Então dê a partida no gerador.

O gerador é ligado e quatro fios com lâmpadas são ligados nele, iluminando todo o primeiro salão da caverna.

– Mas é muito grande, papai! – exclama Nícea.

– Estamos nos esquecendo dos capacetes. Vamos colocá-los.

– Até que é bastante plano o piso – comenta Enzo.

– Doutor Monteiro, deixe que eu vá na frente – pede Benedito.

– Vamos, então.

Os quatro caminham em direção à parede nos fundos da caverna onde existe uma pequena passagem. O fio é bem grande e dá para levar as lâmpadas. Benedito atravessa a passagem e não contém uma exclamação:

– Meu Deus!

– O que foi, Benedito? – pergunta o fazendeiro que, procurando desembaraçar o fio da lâmpada que carrega, ainda não havia entrado.

– Venha ver.

– Mas é muito bonita!

Realmente, a outra câmara é bem maior que a primeira, com cerca de uns quinhentos metros quadrados, tendo, ao fundo, nova passagem, desta feita, para um outro compartimento um pouco menor. Outras duas fendas dispõem-se no lado esquerdo da caverna, porém, dando passagem a câmaras com níveis mais baixos, cerca de uns seis metros de profundidade.

– Isto não deve ter fim, papai!

– Precisamos conter um pouco o nosso entusiasmo

e a nossa curiosidade. Creio que, se formos levar a efeito algum tipo de exploração, deveremos contratar técnicos no assunto. Deve ser muito perigoso embrenharmo-nos mais, sem conhecimento do assunto.

– O senhor tem toda a razão, doutor Monteiro – concorda Enzo.

– Mas vamos examinar com mais detalhes esta câmara.

Passam, então, a correr a luz por todas as paredes e cantos daquela sala. Muitas formações rochosas encontram-se ali dentro, como se brotassem do chão. E o que lhes chama mais a atenção é uma grande pedra que parece separada do solo, como se ali tivesse sido colocada, além de ter a forma de um paralelepípedo. Uns dois metros e meio de comprimento, por uns dois de largura e cerca de trinta centímetros de altura.

– Parece-se mais com uma tampa, não é, papai?

– Bastante interessante.

– Parece feita pelo homem – diz o fazendeiro.

– Parece, mesmo.

– Isso talvez queira dizer que não fomos os primeiros a aqui entrar. Talvez há muitos anos, esta caverna tivesse sido utilizada por alguém.

– Pode ter certeza disso, doutor – afirma Enzo, no fundo do salão. – Veja o que encontrei perto desta passagem.

– O que encontrou?

– Veja – pede o moço, mostrando grande dobradiça de ferro, já bastante enferrujada e carcomida pelo tempo.

– Uma dobradiça?

– Há furos nesta rocha – informa Benedito – Deixe-me ver essa dobradiça, professor.

Apanhando a peça, Benedito coloca-a na direção dos furos, verificando que estes estão localizados da mesma maneira que os da rocha.

– Esta dobradiça estava presa aqui, doutor.

– Devia existir uma porta, então, fechando esta passagem.

– Sem dúvida alguma – confirma.

– Só pode ter sido algum de nossos antecedentes, não é, papai?

– Pode ser, filha.

– Mas vamos ver se encontramos mais alguma peça por aqui. Talvez a fechadura.

– Larguem-me!!! Larguem-me!!! Não quero entrar aqui!!! O que vão fazer comigo?! Vocês vão se arrepender por isso!!! Larguem-me!!!

É Ramires quem grita e se debate nos braços vigorosos de dois Espíritos muito fortes que o conduzem ao interior da caverna. Atrás dele, mais um grupo de outros Espíritos, vestindo túnicas de tonalidade cinza claro, completam o cortejo. Prendem-no com cordas e sentam-no no chão da câmara de entrada da caverna. Nesse momento, entram, a partir da segunda câmara, dona Emerenciana e muitos escravos.

– Você?! Então foi você quem mandou me aprisionar?! Já não chega o que fez comigo quando me delatou?! O que quer, agora?! Mais vingança?! E vocês, negros sujos?! Querem me supliciar?! Então, vamos!!! Não tenho medo de vocês!!! E nem da dor!!! Estou acostumado. Mas podem ter a certeza de que me vingarei de todos, assim que sair daqui!

– Ninguém quer vingar-se, Ramires – diz carinhosamente dona Emerenciana – e, muito menos, supliciá-lo. Queremos, apenas, auxiliá-lo!

– Não preciso do auxílio de ninguém! Não pedi o auxílio de ninguém! E muito menos de vocês!

– Tenha calma, Ramires. Sabemos de tudo sobre você. Sabemos que deixou a ambição e o orgulho tomar conta de seu coração, quando encarnado, ao mesmo tempo que sabemos que sente muita vontade de a tudo recomeçar.

– Não quero recomeçar nada!!! E soltem-me!!!

– Nós iremos soltá-lo, meu irmão, mas depois que me ouvir atentamente.

– Não quero ouvi-la.

– Preste atenção, meu irmão, e não queira lutar contra o que lhe está acontecendo.

– Não está acontecendo nada comigo.

– Sabe que está. Já percebe que não é mais o mesmo Ramires cheio de ódio e desejo de vingança. Já percebe isso porque nem brilhantes idéias tem mais e sabe que, não demora muito, vai perder a posição que ocupa.

– Quem lhe disse isso?

– Sabemos de tudo a seu respeito, meu irmão. Você mesmo viu o que lhe aconteceu ontem no circo. Vencido pelo amor dos Espíritos que protegiam aquele local de prece.

– Não fui vencido! Eu consegui atravessar as barreiras magnéticas.

– Não conseguiu, não, Ramires. Os Espíritos superiores permitiram que você as atravessasse para que pudesse ver que não possui mais nenhum poder, nem mesmo sobre os seus subordinados. Viu com seus próprios olhos que eles não o obedeceram. E sabe o que vai lhe acontecer?

– O que vai me acontecer?

– Já está na mira de seus superiores. Está com os dias contados, Ramires. Núbio já trama contra você.

– Aquele maldito! Sempre conspirou contra mim! Por isso é que tudo começou a dar errado!

– Não foi por isso, não, Ramires.

– E por que foi?

– Porque você já não é mais o mesmo.

– Eu sou o mesmo, sim. Cheio de ódio e rancor.

– Sabe que não é, meu irmão. Sabe que não consegue mais manter tanto ódio no coração. Você está mudando Ramires. Está se enfraquecendo. Sente-se cansado de tudo isso. E isso é muito bom, pois está começando a deixar-se invadir pelas boas vibrações de seu coração.

– Não está acontecendo nada disso! Vocês estão é me hipnotizando. Conheço esse processo.

– Ninguém está hipnotizando ninguém. É você que, há já algum tempo, vem se modificando intimamente, sem percebê-lo ou faz de tudo para não perceber.

– Deixem-me ir, por favor – pede, agora, mais humildemente o Espírito.

– Não podemos, querido irmão.

– E por quê?

– Porque não queremos que sofra as conseqüências por ter enfraquecido tanto no mal e crescido tanto no Bem.

– Não está acontecendo nada disso – diz Ramires, já com voz chorosa. Os Espíritos presentes, aqueles que o trouxeram, desde o começo da conversação permanecem com as mãos voltadas na direção da cabeça do infeliz, transmitindo-lhe passes no intuito de abrir o seu íntimo para o Bem.

– Está sim, Ramires, e peço que acompanhe docilmente estes irmãos que o trouxeram, para que possa caminhar em segurança para um lugar onde poderá

raciocinar com calma em tudo o que ouviu e, principalmente, dando chances ao seu coração. Acompanhe esses irmãos, Ramires, e peço a Deus, nosso pai que o abençoe.

– *Eu vou...eu vou...– concorda o Espírito, completamente anestesiado pelas palavras de dona Emerenciana e, principalmente, pelos passes e pela mudança que se operou em seu íntimo, mudança essa que há muito tempo lutava contra.*

– *Agradeçamos a Deus por mais esta vitória do Bem. Agora, meus irmãos, voltemos à outra câmara, pois temos outro trabalho a fazer.*

– Encontrou alguma coisa, Nícea?

– Não, Enzo, e você?

– Estou procurando.

– Eu e Benedito vamos dar uma olhada naquela fresta – informa o doutor Monteiro. – Não se preocupem. Teremos muito cuidado.

– Nunca imaginei que um dia veria um lugar como este – diz Enzo, agachado, de costas para a moça, perto de onde fora encontrada a dobradiça. – Também nunca imaginei que um dia encontraria alguém como você, Nícea. Nunca imaginei, mesmo. Como são as coisas, não é? Vivi quase toda a minha vida numa cidade grande e precisei vir para uma pequena cidade do interior para encontrá-la. E você, Nícea? Não me diz nada? Nícea. Ô, Nícea – chama novamente, já que a moça não lhe responde. Vira-se, então, levantando-se.

– Meu Deus!!! Nícea!!! O que é isso?!

A moça está encostada na parede lateral da caverna, pálida e sem fala, enquanto a grande pedra, de forma retangular, encontra-se elevada do solo a uma altura de aproximadamente um metro, deixando à mostra um profundo e escuro buraco.

– Doutor Monteiro! Benedito! Venham depressa! – chama Enzo, ao mesmo tempo em que se aproxima da moça, enlaçando-a pelos ombros. – Vamos sair daqui!

– Não – diz Nícea, calmamente. – Estou sentindo uma grande paz.

– Mas o que é isso?! – exclama o doutor Monteiro, voltando com Benedito da fresta, atendendo ao chamado desesperado do rapaz.

– Cruz credo! – balbucia Benedito, fazendo um sinal com as mãos, como que a benzer-se. – Que Deus nos ajude.

– Tenham calma – pede Nícea. – Sinto que isso parte de um Espírito bom.

De repente, a pedra começa a girar, colocando-se em posição oblíqua, num ângulo de pouco mais de quarenta e cinco graus, despencando-se em seguida e deixando a descoberto enorme buraco, pois cai para o lado, tornando-se, então, imóvel.

– Mas o que significa tudo isso, Nícea? E esse enorme buraco que apareceu no lugar dessa pedra? Vejam. Um buraco muito profundo.

Nesse momento, ouve-se conhecida voz que parece vir pela pequena ponte.

– Ora vejam só se vocês vão me segurar! Um velho de noventa e quatro anos.

– Mestre Doca? – pergunta o doutor Monteiro.

– Sim, sou eu – responde, entrando na caverna, bastante molhado, pois precisara pular no rio para escapar dos homens que tomavam conta da ponte, nas margens, e que não queriam deixar que ele a atravessasse. – Sabia que Tomé não havia mentido. A caverna existe, mesmo. E olhe só o buraco! – exclama o velho chegando bem perto. – É fundo, de verdade. Quantos corpos foram atirados aqui e quanto ouro...

– O que está falando, mestre Doca? Você, por acaso, sabia da existência deste lugar?

– Sabia, sim, doutor, apesar de nunca ter vindo aqui.

– E por que nunca nos disse?

– Em primeiro lugar, porque fiquei sabendo quando criança, através de Tomé, um velho negro que fora escravo quando criança e que era avô de um amigo meu. E esse velho pediu-nos que não contássemos a ninguém sobre isso e que não deveríamos nos aproximar deste lugar. Depois, fiquei receoso de que, se as pessoas soubessem do ouro, nossa cidade poderia vir a ficar cheia de forasteiros a correr a bateia na beira do rio.

– Ouro?! Que ouro, mestre Doca?

– Vou contar a vocês.

Mestre Doca conta, então, tudo o que narrara a Alonso e Dimas, inclusive a respeito da conversa que tivera com eles à beira do rio.

– Nunca soube disso. Meus tetravós Felisbino e Emerenciana...Por isso sempre admirei a figura de vó Merê naquele retrato.

Nesse momento, uma lágrima rola do rosto de dona Emerenciana.

– Mas tenho certeza de que não há mais ouro no rio, mestre Doca, porque há alguns anos vieram uns geólogos e examinaram grande extensão das margens e não encontraram nenhum vestígio desse minério. Agora, quanto à pedra, Nícea...por quê? Somente para nos assustar?

– O que aconteceu? – pergunta mestre Doca.

Enzo conta-lhe, então, o ocorrido.

– Ouvi falar da rosa, ontem, no circo – comenta o velho – mas, essa pedra...é, realmente, impressionante. E abriu o buraco onde...

– Sim – concorda Nícea.

– ...Ei! – exclama o velho, dirigindo-se para mais perto e debruçando-se sobre o buraco. Olha por alguns segundos e, em seguida, apanha uma pequena pedra e atira-a para o seu interior, encostando a cabeça na cavidade e apurando os ouvidos. – Ouviram isso?

– O quê? – pergunta o doutor Monteiro.

– Há água lá embaixo.

– Água?! Deixe-me ver.

Dizendo isso, o fazendeiro debruça-se e faz o mesmo com uma pedra.

– Meu Deus! Há muita água lá embaixo. Deve ser outro lençol d'água! Deve ser outro lençol d'água! – exclama, entusiasmado como um menino.

– O doutor quer dizer outro lençol que não o da nascente do rio? – pergunta mestre Doca.

– Sim. É o que eu estou querendo dizer.

– Disso o senhor pode ter certeza, doutor Monteiro. Este aqui está num outro nível bem acima daquele. Percebe?

– É o que estou querendo dizer! – responde, empolgado – Estamos salvos! Água aqui mesmo, próxima ao rio!

Nesse momento, dona Emerenciana olha para Antonio, que sorri contente.

– Bem na hora, não, Antonio? O rio já estava secando há muito tempo e nossos esforços estão sendo coroados de pleno êxito. Conseguimos presenteá-los com o mais precioso dos tesouros. Coronel Felisbino, no passado, cometeu muitos crimes por causa do ouro e hoje, no presente, descobre, no mesmo local, um dos mais valiosos tesouros que a terra pode oferecer: a água, bendita dádiva do senhor.

– Agora, peço a todos que guardem segredo disto, pelo menos, até tudo ficar resolvido. Preciso enviar amostras dessa água para análise e, imediatamente após, fazer jorrar sobre o nosso querido rio, toda essa bênção.

– Pode ficar tranqüilo, doutor – diz mestre Doca. – Falarei ao Alonso e ao Dimas que viemos até aqui e que nenhuma caverna foi encontrada e prometo-lhes nunca mais embriagar-me.

– Quanto a mim, patrão, – diz Benedito, por sua vez – sabe que pode contar comigo.

– Por favor, Benedito, apanhe uma corda bem comprida e um recipiente. Vamos colher uma amostra dessa água.

– Tenho certeza de que a água é boa, papai, assim como sei que essa pedra foi levantada para nos mostrar onde ela estava. E, se quer saber, acho que em tudo isso tem a mão da vó Emerenciana.

– Concordo plenamente com você – diz Enzo.

Mais alguns minutos e Benedito colhe amostra da água.

– Vamos para casa, agora, meus amigos.

* * *

Uma semana depois...

– Mas não é maravilhoso, Enzo, tudo o que nos aconteceu nestes últimos dias?

– Muita coisa aconteceu mesmo, Nícea. Seu pai resolveu o problema que tanto o estava atormentando há algum tempo e que ele enfrentava em silêncio para não causar pânico. O exame da água foi excelente e os engenheiros já informaram que, em pouco tempo e com pouco custo, a água estará sendo despejada no rio.

– Estou muito contente, Enzo. E quem diria? Vó Merê, tetravó de papai, a nos auxiliar... e disso tenho plena convicção. E o circo, então? Descobri tudo o que acontecia comigo e, o que é mais importante, tomei contato com essa doutrina maravilhosa: o Espiritismo. E tenho uma grande novidade.

– Sim?

– Nosso grupo de estudos espíritas já está formado.

– Verdade?! E quem serão os componentes?

– Eu, você, Zé da Graxa, papai, seu Genaro, da oficina, sua esposa, dona Maria, dona Débora e Dimas, seu José de Paula, seu Dagoberto, mestre Doca e Benedito.

– Até mestre Doca e Benedito?

– Depois do que viram, dizem que não querem desencarnar antes de conhecerem tudo sobre Espiritismo.

– Mas isso é muito bom. Pena que o circo já vai partir.

– É verdade, mas também, sobre o circo tenho outra novidade: Bruna é a nova artista do teatro e, pelo que pude perceber, deve estar namorando Luiz Ricardo.

– E seus pais concordaram em que ela acompanhe o circo?

– Concordaram. Dizem que, pelo menos, estão vendo a filha feliz.

– Só não entendo uma coisa, Nícea.

– O quê, Enzo?

– É que o fato de enamorar-me de você, à primeira vista, compreendo perfeitamente, mas você por mim...

– Há muitos mistérios neste Universo de Deus – responde a moça, sorrindo com a brincadeira.

– Nícea, – diz Enzo – vamos até aquele quarto para que você possa, realmente, agradecer à sua vó Emerenciana.

– Vamos, sim. Deixe-me apanhar a chave. Desde aquele acontecimento com o dardo, tranquei aquela porta e escondi a chave. Mas vamos lá agora.

Nícea, então, segue com Enzo até o quarto. Gira a chave na fechadura e ouve lá dentro um pequeno ruído. Mantém a porta recostada e diz a Enzo:

– Quer apostar que vamos levar um susto, novamente?

– Susto?

– Sim. Vó Emerenciana deve ter preparado mais alguma das suas.

– Vamos ver. Abra a porta.

Nícea gira a maçaneta e empurra a porta de uma só vez, acendendo a luz.

– Eu não disse? – exclama, apontando para o retrato.

O quadro de dona Emerenciana encontra-se completamente torto na parede e Nícea, alegremente, fala, dirigindo-se à tela:

– Boa noite, vó Emerenciana e obrigada por tudo.

– Penso que o que ela queria era que você fosse até a caverna para, então, poder utilizar-se de sua mediunidade para erguer a pedra e, com ela, mostrar a existência do lençol d'água. Tenho certeza de que ela já sabia que o rio estava secando.

Como resposta, o quadro imediatamente retorna à posição que lhe é própria.

– Tenho a intuição de que ela está se despedindo de nós, Enzo – diz Nícea.

– *Boa noite, minha menina. Quero que seja muito feliz. Agora, vou-me embora. Cuide bem de seu pai. Vocês todos já receberam o maior tesouro que o Alto poderia ter-lhes enviado: a água que tanto necessitavam e, principalmente, o conhecimento da Doutrina Espírita, este, o verdadeiro tesouro, as luzes que os iluminarão na caminhada em direção à verdadeira felicidade – Dona Emerenciana dá um sorriso e completa: as luzes de Santelmo.*

Obras do mesmo autor:

DO OUTRO LADO

Esta é a estória de dois adolescentes onde um deles, Moacir, cego de nascença, quando liberto do corpo físico durante o sono, consegue visualizar e tomar contato com o plano espiritual. O outro, Beto, concentrando-se, possui a faculdade de ler o pensamento do amigo e, juntos, procuram auxiliar Silva, pai de Moacir, constantemente perseguido por Espíritos inimigos, a ele ligados pelo passado. Emoção e conhecimento da Doutrina Espírita são uma constante neste envolvente romance.

BAIRRO DOS ESTRANHOS

Emocionante estória do operário Atílio que, além de perder a esposa num desastre de ônibus, vê-se desempregado, passando a viver como andarilho pelas ruas da grande cidade, juntamente com a filhinha de apenas três anos.

Encontra, então, na pessoa de Sebastião, velho caminhante, o único apoio fraterno, culminando com a sua chegada até um "estranho" bairro, onde edificantes ensinamentos lhe são descortinados. Paralelamente, a personagem Clotilde, a desmemoriada, percorre as páginas desta marcante obra que reserva ao leitor, um surpreendente e inusitado final.

ALA DEZOITO

Este movimentado romance revela o drama do bem sucedido advogado Roberto, às voltas com incompreendida mediunidade que o faz ter terríveis visões. Presencia um ato suicida e sua vidência leva-o a se envolver com um caso policial de graves conseqüências. Essas visões que caracterizam uma aguda e atroz perseguição de entidades do mal, são interpretadas como alucinações e o levam a uma internação hospitalar. Na ala dezoito dessa clínica psiquiátrica, Roberto é considerado esquizofrênico e recebe tratamento intensivo, mas a chave de seu problema somente será encontrada no conhecimento da Doutrina Espírita.

O SENHOR DAS TERRAS

Num estilo quase cinematográfico, o autor relata a vida do empresário Alfredo que, descobrindo possuir uma doença fatal, parte em busca de algum "milagre" que possa curá-lo, terminando por encontrar, através do médium Cláudio, as verdades da vida na Doutrina dos Espíritos.

Em capítulos curtos, duas épocas se alternam: a atual, na busca da cura e da verdade e a Idade Média, na perseguição de um Senhor das Terras contra o curandeiro local, de formação sacerdotal druida, pela posse de um Colar Sagrado e pelo segredo da Muscária, um cogumelo cujo chá, acreditava-se, traria estranhos poderes a quem dele bebesse.

Ritmo, ação e ensinamentos da Doutrina Espírita, em linguagem bastante clara e acessível, são a tônica constante deste palpitante romance.

A CASA DAS CHAVES

No mesmo estilo inconfundível e cativante de seus romances, o conhecido e consagrado autor nos brinda, desta feita, com vinte e cinco contos que versam sobre os mais importante temas de nossa vida onde lições de otimismo, paciência, perseverança, perdão e amor ao próximo, são a tônica constante desses escritos.

Cada estória certamente abrirá no coração do leitor, uma nova porta para o conhecimento de como a Doutrina Espírita analisa variados assuntos que atualmente mais preocupam o homem, no seu dia-a-dia.

O CAMAFEU

Fernando é o personagem principal cujo amor por uma jovem desconhecida vem demonstrar que os mesmos sentimentos podem nos acompanhar por diversas encarnações, como também é o caso de Torquato, Espírito ainda mentalmente ligado ao remoto século XVIII e que possessivamente persegue sua amada, nos desmandos de uma doentia paixão não correspondida.

A se desdobrar nos dois planos, material e espiritual, proporcionando ao leitor rica visualização da titânica luta entre o bem e o mal, bem como palpitantes cenas da vida no Mais Além, este romance certamente virá elucidar as mais diversas temáticas do intercâmbio espírito-matéria.

E um camafeu, peça chave de toda trama, carrega consigo, a peso de ouro e preciosas pedras, os demais personagens desta comovente estória de amor e cobiça, cujas causas e efeitos somente a Doutrina Espírita consegue explicar.

Composto e Impresso pelo INSTITUTO DE DIFUSÃO ESPÍRITA
Av. Otto Barreto, 1067 - 13600-970 - Araras - Estado de São Paulo
C.G.C. 44.220.101/0001-43 — Inscrição Estadual 182.010.405.118
Internet: http://www.ide.org.br — e-mail: info@ide.org.br